도서출판 대장간은
쇠를 달구어 연장을 만들듯이
생각을 다듬어 기독교 가치관을
바르게 세우는 곳입니다.

대장간이란 이름에는
사라져가는 복음의 능력을 되살리고,
낡은 것을 새롭게 풀무질하며, 잘못된 것을
바로 세우겠다는 의지가 담겨져 있습니다.

www.daejanggan.org

맡겨주심

지은이	정 재 익
초판발행	2016년 3월 3일
펴낸이	배용하
책임편집	배용하
등록	제364-2008-000013호
펴낸곳	도서출판 대장간
	www.daejanggan.org
등록한곳	대전광역시 동구 우암로 75-21 (삼성동)
편집부	전화 (042) 673-7424
영업부	전화 (042) 673-7424 전송 (042) 623-1424
분류	그리스도인의 삶 | 물질관
ISBN	978-89-7071-373-1 (03230)

이 책의 저작권은 저자와 독점 계약한 대장간에 있습니다.
기록된 형태의 허락 없이는 무단 전재와 복제를 금합니다.

 값 10,000원

맡겨주심
재물과 일과 하나님의 공급하심에 대하여

정 재 익

차례

추천의글
프롤로그

하나. 돈이란 무엇인가

돈의 마력(魔力)	21
돈에 대한 예수님의 생각	24
돈이즘(돈ism)	27
소유	31
욕심과 미혹	34
쌓은 재물	36
맛 잃은 소금	39
온전함에 이르는 길	42
자족(自足)	45

둘. 누가 주인인가

누가 주인인가	51
맡김	55
십일조	58
충성	67
낭비	72
빚	75
도둑과 저주	78
저주의 속량	81
빚 갚는 태도	83
빚 갚기	88

셋. 공급은 하나님의 일이다

공급은 하나님의 일이다	95
만나의 공급방식	99
남의 것을 취하는 공급방식	101
재물 얻을 능력을 주시는 공급	103
심고 거두는 공급	106

넷. 일은 하나님의 것이다

일의 신(神)	111
일은 하나님의 것	112
일의 위임	114
세 가지 측면의 삶과 축복	117
깨어진 일	120
수고하고 무거운 짐 진 자들아!	123
일의 회복	125
일은 공급의 원천이 아니다	129
그리스도께 하듯	133
부당한 고난	136
먼저 말로 일하라	142
부르심	145

다섯. 왜 하나님은 심고 거두는 방식으로 공급하시는가

심는 자	153
씨와 먹을 양식	156
심겨진 씨	159
정한대로	163
씨를 떼는 방식	165
먹을 양식을 정하는 방식	168
원 닫기와 먹을 양식의 계산	171
부자 그리스도인들	182
심고 거두는 법	186
심는 방법	190
왜 하나님은 심고 거두는 방식으로 공급하시는가?	197
주인의 즐거움에 참여하다	203
오직 사랑의 법으로	205

에필로그   207

추천의 글

주명수 『영혼의 어두운 밤』의 저자
밝은교회 담임목사, 법무법인 정담 대표변호사

　저자는 신학을 공부하고 직장에서 일하고 회사를 경영하고 지금은 경영컨설턴트로 일하고 있다. 이 책은 하나님께서 저자의 이런 독특한 삶의 그릇에 담아 주신 재물과 일과 하나님의 공급하심에 대한 경험의 산물이다. 오늘날 교회와 그리스도인들은 자본주의와 재물의 신 맘몬이 축복과 성공의 옷을 입고 믿음과 삶의 깊은 곳까지 스며들어 온 현실에 직면하고 있다. 이 책이 재물과 축복과 성공의 우상을 깨뜨리고 하나님이 주인되심의 영광을 드러내길 바라면서 기꺼이 추천한다.

추천의 글

조창배 『수성(守成)』의 저자
그레파트너스(주) 대표이사

나는 지난 몇 년 동안 무척 행복했다. 무엇보다도 일터에서 내가 어떻게 살아낼 것인가를 고민하던 4년 전부터 저자와 같이 거의 매일 아침 커피와 빵을 먹으며 이 책에 실린 돈과 일과 하나님의 공급하심에 대하여 그리고 교회와 세상과 그리스도인의 삶에 대하여 나누는 기쁨을 누렸기 때문이다.

그동안 나의 마음과 영의 근육을 키워주고 일터에서의 삶을 평탄하고 풍요롭게 살아내게 하는 원동력이 되어준 주제들과 말씀이 저자의 지혜와 통찰력으로 잘 정리된 책으로 나오게 되어 마치 내가 쓴 책처럼 기쁘기 그지없다.

일과 재물과 경쟁과 축복의 성공방정식으로 일방통행 되고 있는 모든 삶의 현장에서 독특하게 창조된 자신만의 정체성을 회복하고 오늘 하루를 자족하며 하나님의 기쁨의 잔치에 참여하기를 갈망하는 모든 분들에게 이 책을 선물로 드리고 싶다.

추천의 글

박동열 『한국자끄엘륄협회장
서울대교수

　기독교계와 교회 안에서 종종 듣는 통념이 있습니다. '하나님은 우리에게 복을 주시길 원하시고, 우리가 풍요로운 삶을 살기를 원하시니, 하나님의 재정을 적극 구하고 돈과 친하여 지혜롭게 돈을 모으는 훈련은 어릴 때부터 해야 한다', '돈은 선도 아니고 악도 아니며, 순수한 숫자인 가치중립적인 도구에 불과하니, 하나님의 선한 청지기가 하나님의 영광을 위하여 돈을 사용하면 돈은 좋은 것이다', '참된 신앙은 자신의 자리에서 땀 흘려 일하는 것이고, 하나님은 이런 자들에게 물질의 복을 부어주신다. 그래서 깨끗한 부자는 하나님께 복을 받은 자이며, 그들은 자신이 가진 돈으로 하나님의 사업을 하도록 부름을 받은 하나님의 일꾼이다.' 이런 식의 통념들에 대해 자끄 엘륄은 참된 신앙의 질서와 돈의 질서는 결코 접목되는 것이 아니며 돈의 질서를 합리화하려는 어떤 시도도 배격해야 한다고 주장합니다. 그런데 저는 이 책의 곳곳에서 엘륄의 메시지와 동일하게 돈의 질서를 배격하려는 저자의 치열함을 느꼈습니다.

　예수님은 '하나님과 재물을 겸하여 섬길 수 없다'고 선언하시면서 돈은 객관적, 가치중립적인 도구가 아니라고 말씀하셨습니다. 돈에는 이미 사회 구성원들이 부여한 가치가 있고 그에 대한 사회적 합의와 약속이 있는데, 이는 본질적으로 사람들이 돈에게 투사한 집단화된 욕망일 따름입니다. 그런데 문제는 마음 속에 자리를 틀고 있는 욕망의 표상인 돈이 현대사회에서 점점 신성불가침 한 것이 되어 간다는 점입니다. 이제 돈은 하나의 권세가 되어 충성을 받는 신적 대상이 되고 영적 실체로서 자리를 잡아 버렸습니다. 돈은 인격처럼 자율적으로 움직이고, 자신의 고유의 법칙과 질서를 갖게 되었습니다. 처음에는 사람이 돈의 가치를 만들었지만 이제는 돈이 사람의 가치를 평가하고 지배합니다. 그야말로 현대사회에서 돈은 사람을 죽이기도 하고 살리기도 하는 절대적 권세, 맘몬신입니다.

저자는 이 책에서 현대 사회에서 돈에 대한 대안이 무엇일까라는 질문에 나름대로 대응합니다. 저자의 묵상들은, 돈을 거부하거나 매매를 중단하는 것이 아니라, 돈이 악한 권세에 속한 것이지만 우리가 살아갈 때 꼭 필요한 것이기에 변증법적으로 대응해야 한다는 메시지를 담고 있습니다. 저자는, 우리가 십자가를 통해 죄의 속박으로부터 나를 해방시킨 예수 그리스도를 주인으로 삼기 때문에 돈에 대해서 자유로워야 한다는 것을 여러 묵상을 통해 주장하고 있습니다. 비록 우리가 이 땅에서 돈의 질서를 성화시킬 수 없지만, 우리는 자유를 가지고 돈을 잘 쓰도록 가르치고 배워야 한다는 것입니다. 또 이 책에서 저자는 일과 하나님의 공급하심에 대해 알아야 할 진실과 실천해야할 항목을 제시하고 있습니다. 이러한 저자의 묵상들이 마음을 울리는 것은, 이들이 자신이 체험한 사회적 경험과 그에 대한 저자 특유의 통찰력을 기반으로 담담히 이야기하고 있기 때문일 것입니다. 저자의 묵상을 따라가다 보면 우리는 주님의 주인 되심과 돈의 질서에 대항한 돈에 대한 태도, 관리 그리고 사용법을 배우게 됩니다. 그리고 맘몬의 경제체제로의 예속에서 벗어나, 주인 되신 하나님이 공급자이심을 선포하는 삶이 무엇인지, 또 하나님의 공급의 방식과 심고 거두는 법을 통해 누리는 축복이 무엇인지를 알게 됩니다.

적지 않은 설교들이 마음에 생채기를 내곤 하는 오늘날, 저자가 전하는 묵상들은, 치열한 일상의 삶을 살아내는 생활인인 성도들의 마음의 근육을 매우 강하게 단련시켜 주리라고 확신합니다. 소위 말하는 제자훈련을 마친 모든 사람들에게 진짜 전쟁으로 초대하는 이 책을 일독하길 강하게 추천합니다. 마치 40년의 광야 훈련이 끝난 뒤, 진짜 싸움이 젖과 꿀이 흐르는 가나안 땅에서 벌어진 것처럼.

네 하나님 여호와께서 이 사십년 동안에

너로 광야의 길을 걷게 하신 것을 기억하라

이는 너를 낮추시며 너를 시험하사

네 마음이 어떠한지 그 명령을 지키는지 지키지 않는지

알려하심이라

너를 낮추시며 너로 주리게 하시며

또 너도 알지 못하며 네 열조도 알지 못하던 만나를 네게 먹이신 것은

사람이 떡으로만 사는 것이 아니요

여호와의 입에서 나오는 모든 말씀으로 사는 줄을

네가 알게 하려 하심이니라

이 사십년 동안에 네 의복이 해어지지 아니하였고

네 발이 부르트지 아니하였느니라

너는 사람이 그 아들을 징계함 같이

네 하나님 여호와께서 너를 징계하시는 줄 마음에 생각하고

네 하나님 여호와의 명령을 지켜 그의 길을 따라가며
그를 경외할지니라

네 하나님 여호와께서 너를 아름다운 땅에 이르게 하시나니
그곳은 골짜기든지 산지든지 시내와 분천과 샘이 흐르고
밀과 보리의 소산지요 포도와 무화과와 석류와 감람나무와 꿀의 소산지라
네가 먹을 것에 모자람이 없고 네게 아무 부족함이 없는 땅이며
그 땅의 돌은 철이요 산에서는 동을 캘 것이라

네가 먹어서 배부르고
네 하나님 여호와께서 옥토를 네게 주셨음으로 말미암아
그를 찬송하리라

〈신명기 8:2~10〉

프롤로그

나는 5년 전인 2011년 4월 1일 그동안 경영해 온 컨설팅 회사가 망했음을 스스로 선언했다. 점점 더 빠르게 튀어 오르는 두더지를 더는 때려잡을 수가 없었다. 남은 거라곤 회사부채와 개인부채 뿐이었다. 이 때 나이 50이었다.

친구는 모두 떠나고 갈 데는 없고 막막하고 두려움이 몰려왔다. 20년의 직장생활과 사업을 통해 이룬 것과 남은 것이라곤 아무것도 없었다. 아무런 명예도 영광도 없이 오히려 까먹은 인생이 되어버렸다. 아침 시간에 마실 수 있는 2,900원짜리 따뜻한 커피 한잔이 유일하게 하루를 행복하게 해 주었다.

커피 한 잔으로 하루종일 생각에 잠겨있을 때 시간은 20년을 건너뛰어 대학생 때 읽고 암송했던 성경 말씀이 한 구절씩 떠올랐다. 떠오른 말씀 하나에 붙잡혀 하루씩, 일주일씩 또는 몇 달씩 생각하기 시작했다. 삶의 바다는 폭풍으로 요동쳤지만 말씀을 생각하는 심연은 고요하고 평온하기 그지없었다. 나는 왜 망했을까를 물으며 바둑 복기하듯 생각하고 있을 때 내 마음 깊이 와 닿은 첫 번째 말씀이 있었다. 예수님이 한 배에 올라

베드로와 나누신 말씀이다.

> **누가복음 5장 3~6절** 예수께서 한 배에 오르시니 그 배는 시몬의 배라 육지에서 조금 떼기를 청하시고 앉으사 배에서 무리를 가르치시더니 말씀을 마치시고 시몬에게 이르시되 깊은 데로 가서 그물을 내려 고기를 잡으라 시몬이 대답하여 이르되 선생님 우리들이 밤이 새도록 수고하였으되 잡은 것이 없지마는 말씀에 의지하여 내가 그물을 내리리이다 하고 그렇게 하니 고기를 잡은 것이 많아 그물이 찢어지는지라

베드로의 고백처럼 내 인생이 그랬다. 밤이 새도록 수고하였으되 잡은 것이 없었다. 놀랍게도 나는 밤이 새도록 수고하여도 잡은 것이 하나도 없을 수 있다는 사실을 처음으로 알게 되었다. 나는 내 상황을 있는 그대로 '망할 수도 있는 거구나' 하고 받아들이기로 했다. 후회하거나 원망하거나 자책할 일이 아니라고 마음먹기로 했다. 예수님께서 이렇게 말씀하시는 것 같았다. "밤새도록 수고하지 말고 밤새도록 사랑하자." 삶이라는 것이 열심히 수고하는 일이나 성공하는 것 그 자체에 있는 것이 아니라 사랑하는 데 있다는 말씀같이 들렸다. 내가 살고 있는 이 세상에 대해서, 삶에 대해서, 돈에 대해서, 경제에 대해서, 사랑에 대해서 성경이 말씀하고 있는 것을 깊이 알고 싶은 마음이 들었다. 이미 안다고 생각했던 것

들에 대해서 다시 배우기 시작했다. 배운다고 해서 어떤 누군가에게 또는 책에서 배우는 것이 아니라 지혜와 계시의 영을 따라 말씀에서 말씀으로 조금씩 알아가는 식이었다.

이 책은 이렇게 나의 50년의 삶의 토대 위에서 지난 5년 동안 점점 더 깊이 알게 되고 그렇게 살게 된 말씀들 가운데 재물과 일과 하나님의 공급하심에 대하여 쓴 글이다. 공급은 하나님의 일이고 하나님의 영역에 속한 것이다. 결코 사람의 일이 아니다. 사람의 일은 재물을 잘 관리하고 쓰는 것이다. 이것이 이 책의 핵심적인 내용이다. 자본주의는 돈 잘 버는 것에 대해서 말한다. 그래서 우리는 돈을 잘 벌고 경쟁에서 이기는 방법을 열심히 배우고 그 방식으로 사는 데 익숙하다. 그러나 성경은 공급은 하나님의 일이고 하나님이 주인이라고 말한다. 우리는 돈을 버는 자가 아니라 맡은 자로서 재물을 잘 관리하고 잘 사용할 줄 알아야 한다고 말한다. 그래서 나는 다음의 잠언 말씀을 좋아한다.

잠언 10:22 여호와께서 주시는 복은 사람을 부하게 하고 근심을 겸하여 주지 아니하시느니라

God's blessing makes life rich: nothing we do can improve on God. MSG

하나님은 우리를 부요하게 하시고 근심을 더하여 주지 않으신다. 우리를 부요하게 하시는 하나님의 공급하심에 대해서 우리가 하나님을 거들어드릴게 아무것도 없다는 것이 나는 참 좋다. 그래서 이 책은 우리가 하나님께 물질적인 축복을 받을 수 있는 어떤 헌신이나 열심이나 책임이나 조건을 말하려고 쓴 것이 아니다. 그런 구조화된 축복의 조건은 없다. 또한 재물에 관한 성경적인 어떤 법칙이나 원칙이나 원리를 말하려는 것도 아니다. 언제 어디서나 누구나 똑같은 방법을 적용했다고 해서 똑같은 결과를 가져오는 그런 법칙 같은 것은 없다. 재물이나 재정 또는 경제나 경영에 관한 성경적인 원칙이나 원리를 뽑아서 십계명처럼 액자에 써서 걸어 놓고 동일한 방법으로 실천한다고 해서 그렇게 되는 것은 아니다. 말씀은 의문儀文이 아니기 때문이다. 재물에 대한 말씀을 각자 자신의 말씀으로 먹어야 한다. 말씀이 지혜와 계시의 영으로 말미암아 마음에 심겨지고 영의 양식이 되어야 한다. 마음에 심겨진 그 말씀의 씨가 스스로의 생명과 능력으로 자라나서 열매로 맺혀져야 한다. 이와 같은 출발점에서 이 책을 썼다. 재물과 일과 하나님의 공급하심에 대해 성경말씀의 계시를 따라 썼다. 성경이 말하는 재물에 대해 철저하려고 했다. 나의 개인적인 삶에서의 경험과 실천적인 방법에 대해서는 그 사실을 밝혀두었다.

오늘날 맘몬은 자본주의의 얼굴을 하고 이 세상의 경제체제를 지배하고 있다. 이러한 세상에서 사는 교회와 그리스도인은 맘몬의 경제체제에 예속되어 재물을 주인으로 섬기지 않도록 경계해야 한다. 교회와 그리스도인은 재물을 주인으로 섬기는 무속적인 기복신앙을 끊어내야 한다. 어거스틴이 말한 것처럼 돈을 향유하고자 원하면서 하나님을 단지 이용하려는 것은 왜곡된 믿음이다. 그런 사람들은 하나님을 위하여 돈을 쓰지 않고 돈을 위하여 하나님을 예배하고 있는 것이다. 교회와 그리스도인들이 재물에 축복의 옷을 입혀 놓고 마치 재물에는 욕심이 없는 양 하면서 얼마나 많은 축복을 숭배하고 있는가? 하나님께 영광을 돌린다고 말하면서 하나님의 축복을 빌어 교묘하게 탐심을 숨기고 사실은 재물의 우상에 얼마나 많이 절하고 있는가!

하나님만이 주인이시고 공급자이심을 선포해야 한다. 교회와 그리스도인은 이방인들처럼 무엇을 먹을까 무엇을 마실까 무엇을 입을까 염려하여 사는 자들이 아니라 천지의 주인이신 하나님이 공중의 새와 들의 백합화를 먹이시고 입히시는 하늘의 아버지이심을 믿고 그의 나라와 그의 의의 방식으로 오늘을 사는 사람들이다. 그러므로 우리는 이 세상의 어떠한 삶의 상황context 속에서도 하나님의 나라와 그의 의에 속한 경제와 재물에 대한 계시의 말씀을 듣고 배우고 그리스도의 의의 삶의 방식으로 살아야 한다. 빵으로만 사는 것이 아니라 하나님의 입에서 나오는 말씀으로 살고 가난하게 되심으로 부요하게 하신 예수 그리스도의 체휼體恤의 방식을 따라서 살아야 한다.

신학생이었던 35년여전에 나의 삶과 이 책의 뿌리가 되어준 '아들됨 sonship'과 '일의 축복'에 대한 계시의 말씀을 가르쳐 준 강보형 목사님께 감사드린다. 지난 5년 동안 이 책에 담은 말씀과 이야기를 함께 나누며 먹고 마시고 웃고 사랑하며 살고 확증해준 나의 형제이자 친구이고 동역자인 정영섭 간사와 김중호 박사에게 특별한 감사를 드린다. 그레파트너스주식회사의 조창배 대표는 나의 나그네 길에 쉼터와 일터와 하나님의 공급의 손길이 되어 주었다. 이 책이 나오게 된 내 삶의 모든 이야기의 실제적인 배경context이 되어준 친구요 파트너인 조창배 대표에게 특별한 감사를 드린다. 그리고 일일이 다 말할 수 없는 많은 분들의 교제와 사랑과 기도가 있었음을 기억하고 감사드리며 이 책을 드린다.

인도 뱅갈로의 아름다운 집 Castle Rock에서

하나. 돈이란 무엇인가

이 책에서 사용하는 '돈' 또는 '재물'이라는 용어는
돈(money), 재물(riches), 부(wealth)를 통칭하여 일반적인 재물을 의미하는
포괄적인 표현으로 사용하였으며, 전달하고자 하는 전후 내용의 의미에
가장 부합하는 용어를 임의로 선택하여 사용하였다.

돈의 마력魔力

성경은 돈과 관련하여 다양한 표현으로 말한다. 돈으로 표현되기도 하고 재물財物 또는 부富로 사용하기도 한다. 서로 유사한 뜻으로 쓰기도 하고 다른 뜻으로 사용하기도 한다.

돈money은 교환을 위한 거래수단으로 만들어진 화폐이다. 사람이 만든 것이다. 가치변동성과 휘발성이 가장 강한 특징을 갖고 있다. 재물riches이란 주식이나 채권처럼 돈을 버는 돈, 즉 금융자산 같은 것을 의미한다. 화폐와 같이 사람이 만든 것이고 화폐를 대신하는 자산으로 통용된다. 부wealth란 토지와 광물같이 하나님께서 창조하신 자산이다. 가치변동성과 휘발성이 가장 작다.

돈과 재물과 부가 사람에게 불러일으키는 각각의 차이를 보면 흥미롭다. 둘째아들 탕자는 아버지의 유산을 달라하여 미리 받아서 먼 나라로 떠난다. 아버지는 아마 재산wealth을 주었을 것이고 탕자는 먼 나라로 가려고 돈money으로 바꿔서 갔을 것이다. 먼 나라로 가려고 돈으로 바꾸었을 수도 있고, 먼저 재산을 돈으로 바꾸어 돈을 보는 순간 먼 나라로 가서 사업을 하고 싶은 마음이 생겼을 수도 있을 것이다. 어쨌든 둘째아들 탕자는 돈을 다 모아서 먼 나라로 갔다. 허랑방탕하게 허비도 하고 마침 경기도 좋지 않아 사업에 실패하여 가지고 간 돈을 모두 낭비하고 만다. 아마 유산이 땅으로 그대로 있었다면 허랑방탕 낭비하기 힘들었을 것이다. 그러나 돈으로 바뀌지면서 그 돈은 탕자의 마음에 어떤 불같은 욕망을 불러일으켰을 것이다. 알 수 없는 어떤 힘이 작용하면서 결국 모든 재산을 잃고 최악의 나락으로 떨어지게 된 것이다.눅15:11~32

이것이 재물, 특히 돈이 가진 마력魔力이다. 마력魔力은 사람을 유혹하는 힘을 말한다. 돈은 보이지 않는 어떤 힘이 있다. 돈을 보면 갖고 싶고, 쓰고 싶고, 무엇인가를 하고 싶은 강한 욕구를 불러일으키는 강력한 힘이 있다. 물질인 돈 자체의 힘이라기보다는 귀신 귀鬼자가 붙어 있는 것처럼 돈에는 어둠의 악한 세력이 작용하고 있는 것이다. 이런 돈의 마력魔力을 가장 잘 보여주는 말씀이 '아나니아와 삽비라의 이야기' 일 것이다. 땅을 팔아서 헌금하려다 죽는 극적인 이야기다. 사도 베드로의 말처럼 땅문서 그대로 있을 때는 아무런 문제도 없었을 터인데, 땅을 팔아 돈으로 바꾸어 돈을 보는 순간 강한 탐심이 생겼을 것이다. 기대 이상의 땅값을 받게 되어 그만큼의 돈을 감췄을 수도 있고 어쨌든 돈의 마력에 유혹되어 하나님과 사도와 자신을 속이게 되고 결국 죽음의 파멸에 이르게 된다.행5:1~11

'아나니아와 삽비라 사건'은 오늘날에도 있는 이야기이다. 복권에 당첨된 사람 중에 마음을 지키며 행복하게 사는 사람이 거의 없다. 만약 상상 이상의 거액의 현금이 주어진다면 제대로 감당할 수 있는 사람이 얼마나 되겠는가! 돈은 단순히 구매력뿐만 아니라 마력魔力을 가진 어떤 것임을 알 수 있다.

돈에 대한 예수님의 생각

그럼 예수님은 돈재물에 대하여 어떻게 생각하셨을까? 부요하신 자로서 머리 둘 집도 없을 만큼 가난한 자로 사셨던 예수님의 돈에 대한 생각을 아는 것은 무엇보다 중요한 일일 것이다. 여러 말씀 중에 돈에 대한 예수님의 생각이 가장 분명하게 잘 나타난 말씀 중 하나가 마태복음 6장이다.

마태복음 6장 19~24절 너희를 위하여 보물을 땅에 쌓아 두지 말라 거기는 좀과 동록이 해하며 도둑이 구멍을 뚫고 도둑질하느니라 오직 너희를 위하여 보물을 하늘에 쌓아 두라 거기는 좀이나 동록이 해하지 못하며 도둑이 구멍을 뚫지도 못하고 도둑질도 못하느니라 네 보물 있는 그 곳에는 네 마음도 있느니라 눈은 몸의 등불이니 그러므로 네 눈이 성하면 온 몸이 밝을 것이요 눈이 나쁘면 온 몸이 어두울 것이니 그러므로 네게 있는 빛이 어두우면 그 어둠이 얼마나 더하겠느냐 한 사람이 두 주인을 섬기지 못할 것이니 혹 이를 미워하고 저를 사랑하거나 혹 이를 중히 여기고 저를 경히 여김이라 너희가 하나님과 재물을 겸하여 섬기지 못하느니라

위 말씀에서 예수님은 재물에 대하여 세 가지 모습으로 말씀하고 계신다. 첫째로 재물은 보물이라고 말씀한다. "네 보물이 있는 그 곳에는 네 마음도 있느니라"고 한 것처럼 마음을 빼앗는 것이 보물이다. 보물처럼 재물은 사람의 마음을 빼앗는 것이다. 이런 면에서 재물을 보물이라고 말씀하신 것이다. 정말 그렇다. 돈은 우리 주변에 매우 흔하게 보이지만 우리 삶에 있어 얼마나 소중한 것인가! 사실 돈을 얻으려고 우리 삶의 대부분의 시간과 능력과 마음을 다하고 일생을 다 바쳐 수고하지 않는가! 이처럼 돈은 우리 마음을 빼앗고도 남는 보물임에 틀림없다.

둘째로 예수님은 눈에 대한 비유를 통해 재물을 사람 몸의 눈과 같다고 말씀한다. 눈이 밝으면 온 몸의 빛이 되고 눈이 어두우면 온 몸의 어두움이 되는 것처럼 재물은 우리 삶의 빛이 되기도 하고 어둠이 되기도 하는 것이다. 재물에 대한 놀라운 통찰력이다. 몸에서의 눈과 같이 얼마나 많은 사람들이 돈 때문에 인생의 빛 가운데 살기도 하고 어둠 가운데 처하기도 하는가! 돈을 많이 가지게 됨으로써 인생의 빛 가운데 있기도 하고 어둠 가운데 처하기도 한다. 반대로 돈을 갖지 못해서 인생의 빛 가운데 있기도 하고 어둠 가운데 처하기도 한다. 어떤 사람에게는 돈이 빛이 되기도 하지만 어떤 사람에게는 어둠이 되기도 하는 것이다. 인생의 얽히고 설킨 인간관계와 크고 작은 일들이 알고 보면 돈으로 말미암은 것이라는 사실은 놀라운 일도 아니다.

셋째로 재물은 주인이 되어 섬김을 받는다고 말씀한다. 재물이 하나님 대신 주인노릇 한다는 것이다. 예수님은 여기서 재물을 의도적으로 중동지방의 재물의 신인 맘몬mammon이라는 용어를 사용하셨다. 어찌 재물을 하나님과 비교하여 견줄 수 있겠는가마는 예수님은 사람들의 재물에 대한 마음과 탐심이 가히 종교적 우상숭배와 같음을 꿰뚫어 보셨다. 재물은 단순히 필요한 물질이거나 수단에 그치지 않고 사람이 주인처럼 섬기는 우상숭배의 대상인 것이다.

이처럼 예수님께서 말씀하신 재물은 가치중립적인 단순한 물건이 아님을 알 수 있다. 어떤 힘을 갖고 있다. 사람의 마음을 빼앗는 보물처럼 소중한 것이다. 인생의 빛이 되는 아주 유익한 것이기도 하고 동시에 인생의 어둠과 파멸을 가져다주는 위험한 것이기도 하다. 그뿐인가. 하나님을 대신하여 자기를 섬기도록 하는 우상이 되어 사람들을 종으로 부리는 주인 노릇하기도 한다. 돈이 우상이 되어 사람들로 하여금 자기를 주인으로 섬기도록 한다는 것은 무슨 의미인가?

돈이즘돈ism

오늘날 우리는 자본주의 경제체제 아래 산다. 자본주의資本主義가 무슨 뜻인가? 경제학에서 자본資本이라는 용어는 다양한 의미가 있지만 여기서는 왜곡되지 않는 선에서 단순화시켜 정의하겠다. 돈이 쌓이면 자본資本이 된다. 쌓인 돈이 자본이라는 의미다. 이렇게 본다면 자본주의資本主義는 다른 말로 하면 돈주의主義, 즉 돈ism이다. 예수님 말씀처럼 돈이 주인이 된 것을 선언하는 말이다. 주의主義, 즉 이즘ism을 붙이는 것은 그 사상이나 지식체계가 우리가 사는 세상을 지배하는 보편적인 사상이나 지식체계로 인정되고 수용됨을 의미한다. 전통적인 생산의 3요소인 토지, 노동, 자본 중에서 토지주의나 노동주의가 아닌 자본주의가 경제체제의 주인으로 자리 잡은 것이다. 이는 두말할 필요가 없는 사실이 되었다. 오늘날 대부분의 사람들은 역사적 승리를 거둔 자본주의에 대해 근본적인 이의를 제기하지 않는다. 교회도 대부분 무비판적으로 자본주의를 수용하였다. 특히 자본주의 경제체제하에서 우리나라의 경제발전과 더불어 성장해 온 한국 교회는 자본주의적 방식으로 성공과 축복을 구하고 성장을 추구하고 헌금을 강조하고 재정을 운영하고 자녀들을 경쟁에서 이기도록 교육하고 있다. 우리는 알지 못하는 사이에 이 세상을 지배하고 있는 자본주의 방식에 너무나 익숙하게 살고 있는 것이다.

그럼 재물이 주인이 된 돈이즘돈ism의 체제하에서 재물은 사람들로 하여금 어떻게 자기를 섬기도록 하는가? 재물은 먼저 자기를 갖도록 욕망을 불러일으킨다. 돈을 가져야만 안심하고 살 수 있도록 만든다. 가질 뿐만 아니라 더 많이 갖도록 만든다. 미래에 대한 막연한 두려움으로부터 돈을 가지면 안심, 안정, 안정되게 살 수 있다고 속삭인다. 그래서 자본주의는 돈을 많이 가질 수 있는 돈 버는 방법을 가르친다. 돈을 안정적으로 잘 버는 직업이 좋은 직업이 된다. 돈을 계속해서 더 많이 가지려면 평생을 쉬지 않고 끊임없이 일해야 한다고 말한다. 경쟁에서 이겨서 남들보다 더 많이 갖도록 한다. 더 많이 갖는 것이 성공적인 삶의 모습이 된다. 이러한 성공은 하나님이 준 축복을 받은 증거가 될 뿐 아니라 하나님께도 영광이 된다고 속인다. 하나님은 없고 재물이 주인 노릇하는 전형적인 모습이다.

오늘날 우리가 살고 있는 이런 사회를 자끄 엘륄은 그의 『세상속의 그리스도인』대장간역, 2010에서 모든 것이 수단화되고 있는 기술사회라고 말했다. 그는 수단화된 기술사회는 무엇이든지 성공하는 것, 효과적인 것, 능률적인 것은 정당화 되고, 무엇이든지 성공하는 것은 좋은 것이요 실패하는 것은 나쁜 것으로 규정짓는다고 말한다. 그래서 목적이어야 할 인간이 실제에 있어서는 경제나 국가 등 자신을 섬겨야 하는 바로 그 수단의 수단이 되어 경제가 잘 돌아가게 하려고 경제구조에 종속되고 전적으로 생산자의 입장과 순종적인 소비자가 되어 눈을 가리운 채 경제가 떠먹

이는 모든 것을 삼키고 있다는 것이다. 그 결과 행복하게 해 준다는 자본주의와 기술사회의 정치적인 감언이설에 속아서 인간은 수단이라고 하는 현대 우상의 도구로 전락하고 말았다는 것이다.

나는 5년 전에 버티고 버티다가 더는 견디지 못하고 상당한 금액의 회사 부채와 개인 부채를 떠안은 채 경영하던 회사가 망했음을 선언했다. 그리고 몇 개월의 시간이 지나면서 '나는 왜 망했을까' 그 이유를 계속 자문하고 있던 때에 누가복음 5장을 읽게 되었다.

> **누가복음 5장 3~6절** 예수께서 한 배에 오르시니 그 배는 시몬의 배라 육지에서 조금 떼기를 청하시고 앉으사 배에서 무리를 가르치시더니 말씀을 마치시고 시몬에게 이르시되 깊은 데로 가서 그물을 내려 고기를 잡으라 시몬이 대답하여 이르되 선생님 우리들이 밤이 새도록 수고하였으되 잡은 것이 없지마는 말씀에 의지하여 내가 그물을 내리리이다 하고 그렇게 하니 고기를 잡은 것이 많아 그물이 찢어지는지라

내 마음에 들어 온 말씀은 "밤이 새도록 수고하였으되 잡은 것이 없지마는"이라고 한 베드로의 고백이었다. 밤이 새도록 수고해도 고기를 잡지 못할 수도 있다는 말씀으로 들렸다. 전문 고기잡이 어부였던 베드로와 그 동료들도 밤새도록 수고하여 그물을 내렸지만 고기를 잡지 못하는 밤이 있다는 것이다. 이것이 세상이다. 이것이 자본주의다. 수고한대로 공

정하고 공평하게 그 대가를 보상받지 못할 수 있다. 더 많이 가지려고 밤새도록 수고하고 애쓰고 치열하게 경쟁하고 열심히 일했던 내 모습이 떠올랐다. 아마 망하지 않았더라면 더 큰 성공을 위해 평생을 끊임없는 경쟁의 수레바퀴를 돌리며 내려오지 못했을 것이다. "우리의 연수가 칠십이요 강건하면 팔십이라도 그 연수의 자랑은 수고와 슬픔뿐"이라는 모세의 고백처럼 살게 되지 않았을까 생각되었다.시90:10 이처럼 돈과 성공이 우리가 의식하지 못하는 중에 우리에게 끊임없이 경쟁하고 수고하고 일하게 하는 삶의 방식에 익숙한 종이 되게 하는 것이 재물이 주인 노릇하는 것이라고 생각했다. 다 잃고 의지할 기반이 하나도 없어지고 나서야 재물을 가진다는 것과 그것을 위해 일한다는 것의 의미에 대해서 생각하고 배우고 알게 되었다. 돈과 일을 주인으로 섬기는 일에서 해방되니까 인생에서 처음으로 돈과 일에서 자유로운 삶이 되었다. 인생의 전반전이 끝나고도 한참이 지났으니 너무 늦지 않았을까 하는 두려움도 있었지만 1년을 10년처럼 밀도 있게 살면 되지 않을까 하는 생각이 들었다. 그리고 그렇게 살아온 지난 5년의 여정이 감사할 뿐이다.

소유

재물이 주인이 되는 결과는 필연적으로 소유의 문제를 낳는다. 재물은 보물과 같아서 자기를 소유하고 싶은 욕망을 불러일으킨다. 자기를 갖도록 만들고 더 많이 갖도록 만든다. 재물은 이렇게 사람들에게 자기를 소유하도록 하는 욕망을 통해 자기에게 종속시켜 놓고 주인 노릇하는 것이다. 이러한 소유의 문제로 예수님께 상담을 청한 사람이 있었다.

누가복음 12장 13~15절 무리 중에 한 사람이 이르되 선생님 내 형을 명하여 유산을 나와 나누게 하소서 하니 이르시되 이 사람아 누가 나를 너희의 재판장이나 물건 나누는 자로 세웠느냐 하시고 그들에게 이르시되 삼가 모든 탐심을 물리치라 사람의 생명이 그 소유의 넉넉한데 있지 아니하니라 하시고

예수님은 사람들의 기대와는 달리 유산을 나누는 일에 별 관심이 없으셨다. 예수님은 유산을 나눠 더 많이 소유하고자 하는 그 사람의 마음을 탐심이라고 말씀하신다. 탐심은 우상숭배이기 때문에 더 많이 소유하고자 하는 탐심은 결국 재물을 주인으로 섬기는 길이 되는 것을 경고하신 것이다. 그래서 예수님은 소유의 문제에서 생명의 문제로 초점을 옮기신

다. 생명은 소유의 많고 적음에 있지 않다. 본질은 소유가 아니라 생명이다. 소유보다 생명이 중요할 뿐 아니라 소유의 많고 적음과 생명은 아무런 관계가 없다고 말씀하는 것이다. 마치 마태복음 6장에서 목숨이 음식보다, 몸이 의복보다 중하지 아니하냐고 물으시는 것과 같다. 그래서 성경은 생명과 관계없는 재물을 사랑하는 탐심에 대해 즉 많은 재물을 소유하는 것의 위험에 대해서 분명하게 말씀하고 있다.

> 디모데전서 6장 9~10절 부하려 하는 자들은 시험과 올무와 여러 가지 어리석고 해로운 욕심에 떨어지나니 곧 사람으로 파멸과 멸망에 빠지게 하는 것이라 돈을 사랑함이 일만 악의 뿌리가 되나니 이것을 탐내는 자들은 미혹을 받아 믿음에서 떠나 많은 근심으로써 자기를 찔렀도다

돈을 사랑하여 부자가 되려고 하는 자들, 즉 많은 재물을 소유하려고 하는 자들은 어떤 위험에 처하게 되는가? 먼저 미혹을 받게 된다. 그 미혹으로 말미암아 시험과 올무와 욕심에 떨어지게 되고 그 결과 믿음에서 떠나 근심 가운데 자책과 자학으로 살다가 결국은 파멸과 멸망에 이르게 되는 인생을 살게 된다. 이러한 파멸과 멸망의 길은 무엇에서 시작되었는가? 재물을 소유하려는 탐심에서 시작되었다. 이와 같이 재물은 자기를 소유하게 만들고서는 소유하게 되면 자기를 주인으로 섬기도록 하다가 결국은 파멸과 멸망에 빠뜨리는 것이다. 소유의 문제는 단순히 재물을 많이 갖고 적게 갖는 문제가 아니라 탐심과 욕심의 문제인 것이다. 소유

욕은 탐심과 욕심의 다른 말이며 욕심은 반드시 미혹을 불러들이게 된다. 이처럼 소유는 주인이 누구인가라는 문제와 함께 욕심이라는 마음의 문제에 맞닿아 있다. 그럼에도 불구하고 많은 그리스도인이 마음의 욕심을 돌아보지 않고 축복이라는 이름으로 더 많은 재물을 소유하려고 한다.

욕심과 미혹

욕심은 무엇인가를 필요 이상으로 소유하려는 마음이다. 더 많은 것을 소유함으로써 하나님 없이도 만족과 안심을 가질 수 있다고 생각하는 마음이다. 그래서 욕심은 끊임없이 더 많은 부와 권세와 명예를 가지려고 한다. 그런데 이 마음의 욕심은 자석과도 같이 미혹을 끌어당기는 어떤 성질이 있다.

야고보서 1장 14~15절 오직 각 사람이 시험을 받는 것은 자기 욕심에 끌려 미혹됨이니 욕심이 잉태한즉 죄를 낳고 죄가 장성한즉 사망을 낳느니라

미혹의 씨는 민들레 홀씨처럼 바람에 흩날리다가 욕심의 마음 밭에 떨어져 심겨진다. 미혹이의 씨를 받은 욕심이는 잉태하여 죄라는 아들을 낳는다. 죄는 점점 자라서 장성하게 되고 결국 사망에 이르게 되는 것이다. 욕심은 하루아침에 멸망에 이르게 하지는 않는다. 하루아침에 망하는 사람은 없다. 망하는 것은 한날에 망했을지라도 사실은 오래전부터 망할 씨가 뿌려졌고 징조가 있었다. 감각이 무뎌져서 눈에 보이지 않고 느끼지 못했을 뿐이다. 더 많이 갖고자 하는 욕심은 어느 때인가 미혹을 받게 되

고 미래의 멸망의 씨를 잉태하게 되고 무감각한 사이에 점점 자라서 시험과 올무에 빠지게 만들고 결국 멸망과 파멸에 이르게 하는 것이다. 멸망과 파멸이 어떻게 오는가 보라!

> 신명기 28장 45절 네가 네 하나님 여호와의 말씀을 청종하지 아니하고 네게 명령하신 그의 명령과 규례를 지키지 아니하므로 이 모든 저주가 네게 와서 너를 따르고 네게 이르러 마침내 너를 멸하리니
> Moreover all these curses shall come upon you and pursue and overtake you, until you are destroyed, because you did not obey the voice of the LORD your God, to keep His commandments and His statutes which He commanded YOU.NKJV

멸망과 파멸에 이르기까지 어떤 일이 있었는가? "이 모든 저주가 네게 와서come upon, 너를 따르고pursue, 네게 이르러over take, 마침내 너를 멸망하리니destroy"와 같이 점진적으로 온다. 먼저 모든 시험과 올무와 저주는 저 멀찍이 떨어진 곳에서 주목하여 지켜보고 있다가 뒤를 밟아 가까이 다가온다와서 come upon. 점점 등 뒤까지 바짝 따라붙어 오다가따르고 pursue 드디어 목덜미를 잡고 올라타 꼼짝달싹 못하게 만들어 버린다.이르러 overtake 그리고 때가 되면 마침내 멸망시키는 것이다.멸하리니 destroy

쌓은 재물

부자는 많은 재물을 소유하게 되고 쌓게 된다. 이렇게 부자가 많이 쌓아놓은 재물은 무엇을 할 수 있으며 결국 어떻게 되는가? 이에 대해 예수님은 많은 재물을 쌓은 한 부자에 대해서 비유로 말씀하셨다.

누가복음 12장 16~21절 또 비유로 그들에게 이르시되 한 부자가 그 밭에 소출이 풍성하매 심중에 생각하여 이르되 내가 곡식을 쌓아둘 곳이 없으니 어찌할까 하고 또 이르되 내가 이렇게 하리라 내 곳간을 헐고 더 크게 짓고 내 모든 곡식과 물건을 거기 쌓아 두리라 또 내가 내 영혼에게 이르되 영혼아 여러 해 쓸 물건을 많이 쌓아 두었으니 평안히 쉬고 먹고 마시고 즐거워하자 하리라 하되 하나님은 이르시되 어리석은 자여 오늘 밤에 네 영혼을 도로 찾으리니 그러면 네 준비한 것이 누구의 것이 되겠느냐 하셨으니 자기를 위하여 재물을 쌓아두고 하나님께 대하여 부요하지 못한 자가 이와 같으니라

이 비유의 핵심은 많이 쌓은 재물에 있다. 예수님은 이 재물을 많이 쌓은 부자를 어리석은 부자라 칭하셨다. 이 부자는 여러 해 쓸 재물을 쌓아 두었다. 그리고 그 쌓은 재물을 의지하여 평생 평안히 쉬고 먹고 마시

고 즐거운 삶을 살 수 있다고 생각했다. 그는 그 쌓아둔 재물이 자기 생명을 지켜줄 줄 알았던 것이다. 그에게 생명을 주관하시는 하나님은 없었다. 그러자 하나님께서 그날 밤에 그의 생명을 취하여 가신다는 이야기다. 결국 쌓아둔 재물이 그 부자의 생명을 지켜주지 못했을 뿐 아니라 생명이 떠난 그에게는 아무런 소용도 없는 것이 되고 만 것이다. 생명은 쌓아둔 재물에 있지 않고 하나님의 손에 달려 있기 때문이다. 이 부자는 쌓아둔 재물을 자신이 다 쓰지도 못하고 죽게 될 것이고, 결국은 다른 사람이 그 쌓은 재물을 쓰고 누리게 된다. 그래서 그저 자기를 위하여 재물을 쌓아두고 그 재물을 의지해서 사는 사람은 어리석은 부자가 되는 것이다. 그러니 재물을 많이 쌓아 두는 것, 많이 소유하는 것, 즉 부자 되는 것 자체가 중요한 것이 아니다. 그것은 생명을 지켜주지도 못할 뿐 아니라 축복도 아니고 인생의 참된 목적도 아니다. 그래서 성경은 재물을 쌓는 것의 헛됨에 대해서 많은 곳에서 말씀하고 있다.

> **잠언 23장 4-5절** 부자 되기에 애쓰지 말고 네 사사로운 지혜를 버릴지어다 네가 어찌 허무한 것에 주목하겠느냐 정녕히 재물은 스스로 날개를 내어 하늘을 나는 독수리처럼 날아가리라

부자 되는 것은 허무한 일이라고 말한다. 사사로운 지혜, 즉 열심히 머리 굴려서 많은 돈을 벌고 쌓아봤자 재물 스스로 날개를 달고 날아가 버린다. 재물을 쌓아 잘 보관하면 안전할 것이라고 생각하지만, 재물은 스

스로 움직이는 속성을 갖고 있다. 우리가 붙잡으려고 해도 붙잡아 둘 수 없는 강력한 휘발성을 갖고 있기 때문이다. 스스로 날아가는 힘이 독수리처럼 강해서 붙잡을 수 없을 만큼 힘 있게 날아가 버린다. 돈을 어떻게 보관하면 안전할까? 사람이 통제할 수 있는 것이 아니다. 예수님은 이 땅에 재물을 안전하게 쌓아 둘 방법은 없다고 말씀하신다. 쌓아둔 재물을 날아가게 하는 좀, 동록, 도둑이 있기 때문이다. 어떤 국가, 기업, 경제학자도 경기침체, 인플레이션, 디플레이션, 환율변동 등을 완벽하게 예방할 수 있는 지혜와 능력은 없다. 더 많은 재물 쌓기의 허무함은 그 쌓은 재물이 자기 생명을 안전하게 지켜주지 못할 뿐만 아니라 결국 자기가 다 쓰지도 못할 것이 되고 말기 때문이다. 이 어리석은 짓을 위해 일생을 바쳐 살 것인가!

맛 잃은 소금

누가복음 14장 25~35절은 그 유명한 제자도弟子道에 대한 말씀인데, 소유와 쌓은 재물에 대해서도 놀라운 통찰력을 주는 말씀이다. 능히 예수님의 제자가 되기 위한 제자도의 핵심은 이렇다. 자기 부모와 처자와 형제와 자매와 자기 목숨까지 미워하고 자기 십자가를 지고 예수님을 따를 수 있어야 한다. 제자가 되고자 하는 자는 이렇게 자기를 부인하고 예수님을 끝까지 따를 수 있을지에 대해 먼저 자신을 계산해 보아야 한다. 중간에 포기하면 시작하지 않은 것만 못하게 되고 비웃음거리가 되기 때문이다. 이에 대한 비유로 예수님은 '망대를 지으려면 비용을 먼저 계산해 봐야 하고, 전쟁에 나가려면 이길 수 있는지 군사를 먼저 헤아려 보아야 한다'고 말씀하신다. 그런 다음에 결론으로 맛 잃은 소금 이야기를 덧붙여 말씀하신 것이다. 맛 잃은 소금은 무엇을 의미하는가?

누가복음 14장 33절 이와 같이 너희 중의 누구든지 자기의 모든 소유를 버리지 아니하면 능히 내 제자가 되지 못하리라 소금이 좋은 것이나 소금도 만일 그 맛을 잃으면 무엇으로 짜게 하리요 땅에도, 거름에도 쓸 데 없어 내버리느니라 들을 귀가 있는 자는 들을지어다 하시니라 맛 잃은 소금은 몇 가지 의미로 이해할 수 있을 것이다. 먼저 "너희는 세상의 소금이다"라고 하신 말씀에 비추어 소금으로서의 삶을 살지 못하는 그리스도인의 모습을 의미할 수 있다. 또한 위의 제자가 되기 위한 제자도弟子道에 비춰 본다면 제자가 되는 것은 소금과 같이 좋은 것이나 제자가 되려다가 되지 못하면 맛 잃은 소금같이 아무데도 쓸 데 없는 것이 되고 만다는 말씀으로 이해할 수도 있을 것이다. 여기서 강조하고 싶은 맛 잃은 소금의 또 다른 의미는 소유의 관점에서 이해하는 것이다. 제자가 되는 것은 모든 소유를 버리는 것과 연결되어 있다. 결국 모든 소유를 버리지 못하면 능히 제자가 되지 못한다. 바로 여기서 버리지 못하고 거저 가지고 있는 모든 소유가 맛 잃은 소금과 같은 것이다. 버리지도 못하고 쓰지도 못한 채 그저 쌓아놓은 재물이나 소유는 아무 유익한 일도 못한다. 일하지 않고 그저 쌓여있는 재물과 소유가 맛 잃은 소금인 것이다. 그러니 그저 쌓여만 있는 재물은 맛 잃은 소금과 같이 아무 짝에도 쓸 데 없는 무용지물이 되고 만다.

소유에 대한 태도는 예수님의 제자가 되는 중요한 기준이 된다. 재물은 귀하고 좋은 것이다. 그러나 소금이 맛을 잃어 땅에도 거름에도 쓸모없는 것이 되는 것처럼 재물도 그 맛을 잃으면 아무 쓸모없게 된다. 재물은 늘 필요한 때right time에, 필요한 사람right people에게, 필요한 곳right place에 베풀어지고 사용되어야 하는데 그저 쌓여만 있는 소유물에 불과하다면 맛 잃은 재물이 되고 마는 것이다. 아무 일도 하지 못하고 그저 쌓여만 있는 것이다. 그래서 예수님은 소유되어 그저 쌓여져 있는 맛 잃은 재물이 아니라 사용되어 맛을 내는 재물의 놀라운 능력에 대해서 말씀하셨다. 잘 알려진 부자 청년의 이야기이다.

온전함에 이르는 길

한 부자 청년이 예수님을 따라 제자가 되기를 원했다. 이 부자 청년은 예수님께 찾아와서 자기가 제자가 되기에 충분한 자질을 갖추고 있음을 증명해 보이고 싶어 질문한다. 예수님은 이 청년이 질문하는 의도를 아시지만 모든 계명들을 다 지키는 그의 훌륭한 점들이 부각될 수 있도록 맞장구 쳐주신다. 그러자 그 부자 청년은 '내게 아직도 무엇이 부족합니까?' 라고 묻는다. 그는 그의 말대로 부족함이 없는 당당한 청년임에 틀림없다. 그런데 예수님은 이 부자 청년에게 놀라운 말씀을 하신다.

마태복음 19장 16~22절 어떤 사람이 주께 와서 이르되 선생님이여 내가 무슨 선한 일을 하여야 영생을 얻으리이까 예수께서 이르시되 어찌하여 선한 일을 내게 묻느냐 선한 이는 오직 한 분이시니라 네가 생명에 들어가려면 계명들을 지키라 이르되 어느 계명이오니이까 예수께서 이르시되 살인하지 말라, 간음하지 말라, 도둑질하지 말라, 거짓증언하지 말라, 네 부모를 공경하라, 네 이웃을 네 몸과 같이 사랑하라하신 것이니라 그 청년이 이르되 이 모든 것을 내가 지키었사온대 아직도 무엇이 부족하니이까 예수께서 이르시되 네가 온전하고자 할진대 가서 네 소유를 팔아 가난한 자들에게 주라 그리하면 하늘에서 보화가 네게 있으리라 그리고 와서

> 나를 따르라 하시니 그 청년이 재물이 많음으로 이 말씀을 듣고 근심하며 가니라

예수의 대답은 "네가 부족하지는 않지만 결코 온전하지도 않다"라고 말씀을 하신 것이다. 그러면서 온전하게 되는 것은 모든 계명을 지키는 데 있는 것이 아니라 네가 가진 소유를 팔아 가난한 자들에게 주는 것이라는 놀라운 말씀으로 도전하신다. 쌓아둔 재물은 맛 잃은 소금처럼 아무 일도 못하지만 사용되어 일하는 재물은 우리를 온전하게 만드는 능력이 있다는 것이다. 재물을 어떻게 사용하느냐, 즉 재물에 대한 태도가 온전케 되는 길이라는 것이다. 재물은 단순한 물질 이상임을 알 수 있다. 재물은 어떻게 다루냐에 따라 온전함을 이룰 수 있는 좋은 소재이다. 자기 소유를 다 버리고 예수님을 따르는 자는 능히 제자가 될 수 있고 쌓은 재물을 팔아서 가난한 자들에게 나눠 주는 자는 온전하게 될 수 있다. 이 얼마나 놀라운 말씀인가! 도덕이나 열심이나 계명이 아니라 재물이 온전함에 이르게 하는 길이 된다. 이 때 재물에 태도의 어떠함이 우리 인생의 보물이고 빛이 된다.

그러나 그 청년은 많은 재물을 가졌지만, 그 재물을 사용할 줄은 몰랐다. 재물을 소유할 수는 있었지만 결코 선한 일을 할 수는 없었다. 계명을 지키는 반듯한 종교적인 사람이었지만 소유한 재물을 팔아 가난한 자들에게 나눠줄 사랑은 없었다. 그는 가난한 자들에게 나눠줌으로써 재물이

온전함에 이르는 축복된 도구임을 진정 알지 못했다. 재물 때문에 오히려 근심하는 사람이 되었다. 재물을 잘 다루는 주인이 아니라 재물을 쌓아두고 섬기고 지키는 종이 된 것이다. 그러면 재물을 소유가 아닌 온전케 하는 목적으로 사용하려면 우리는 재물에 대해서 어떠한 마음을 가져야 하는가?

자족自足

재물에 대하여 우리가 가질 수 있는 마음으로 가장 아름다운 말이 자족自足이라 생각된다. 한자어인 자족自足이란 말의 의미는 아마 자기 발로 스스로 설 수 있으면 만족한다는 뜻일 것이다. 성경의 말씀에 딱 맞는 말이라고 생각한다.

> 디모데전서 6장 6~8절 그러나 자족하는 마음이 있으면 경건은 큰 이익이 되느니라 우리가 세상에 아무것도 가지고 온 것이 없으매 또한 아무것도 가지고 가지 못하리니 우리가 먹을 것과 입을 것이 있은즉 족한 줄로 알 것이니라

사도 바울이 생각한 자족의 기준은 먹을 것과 입을 것이었다. 오늘날로 표현한다면 의식주가 자족의 기준이 될 것이다. 오늘 일용할 양식이 있고, 입을 옷이 있고, 들어가 쉴 곳이 있는 것으로 자족할 수 있어야 한다. 충분하지는 않지만, 오늘을 사는 필요가 채워지는 것으로 감사할 수 있어야 한다. 어떠한 자족과 감사하는 마음이 하나님과 우리 사이에 재물이나 어떤 조건이 끼지 않고 하나님만으로 충분한 출발점이 되는 것이다.

자족해야 할 이유로 바울은 두 가지를 들고 있다. 첫째로는 재물에 대한 자족은 경건에 이르는데 유익하기 때문이다. 재물은 그 자체로는 경건에 아무런 유익이 되지 않지만 앞에서 살펴 본대로 소유와 재물에 대한 태도는 온전함에 이르는 데 매우 중요한 능력이 된다는 것을 알 수 있다. 경건의 능력이 소유와 재물에 대한 자족에서 시작된다고 해도 과언이 아닐 것이다. 둘째로는 공수래공수거空手來空手去다. 재물은 태어날 때 가져온 것도 없고 죽을 때 가져가지도 못한다. 재물은 다만 이 세상에서 필요한 것이다. 필요한 만큼 갖고 사용하면 충분하다. 그러니 그저 소유하려고 쌓아놓을 이유가 없는 것이다. 하늘에 쌓을 목적이 아닌 이상 이 땅에 더 많이 쌓으려고 하지 말고 그저 있는 것으로 족한 줄 아는 자족하는 마음이 재물에 대한 모든 것의 출발점이다. 재물은 인생의 주인도, 목적도, 성공의 척도도 아니기 때문이다.

> **빌립보서 4장 11~13절** 내가 궁핍하므로 말하는 것이 아니니라 어떠한 형편에든지 나는 자족하기를 배웠노니 나는 비천에 처할 줄도 알고 풍부에 처할 줄도 알아 모든 일 곧 배부름과 배고픔과 풍부와 궁핍에도 처할 줄 아는 일체의 비결을 배웠노라 내게 능력 주시는 자 안에서 내가 모든 것을 할 수 있느니라

더 나아가 바울은 자족하기를 권면할 뿐 아니라 스스로 자신이 자족하는 일체의 비결을 배웠다고 말한다. 재물이 충분해서가 아니다. 궁핍할

때도 있고 풍부할 때도 있고 배고플 때도 있고 배부를 때도 있지만 그런 상황에 관계없이 자족하며 사는 비결을 배웠다. 어떤 상황이나 형편을 바꾼 것이 아니라 그 상황과 형편에서 살아가는 능력을 주시는 하나님을 배운 것이다. 우리가 먹고 마시고 사는 삶의 기반이 우리가 가진 재물이거나 환경이거나 형편이거나 조건이 아니라 오직 하나님께서 지키시고 먹이시고 공급하시는 분이심을 배웠을 것이다. 이것이 하박국 선지자가 재물이 없을지라도 하나님만으로 즐거워하고 기뻐하리라고 노래한 이유일 것이다.

하박국 3장 17~18절 비록 무화과나무가 무성하지 못하며 포도나무에 열매가 없으며 감람나무에 소출이 없으며 밭에 먹을 것이 없으며 우리에 양이 없으며 외양간에 소가 없을지라도 나는 여호와로 인하여 즐거워하며 나의 구원의 하나님으로 말미암아 기뻐하리로다

자족하는 마음은 그저 유유자적 하는 것이 아니다. 재물이 아닌 하나님으로 채워진 마음이다. 마음의 즐거움과 기쁨의 원천이 하나님께 있는 마음이다. 재물은 있어도 그만이고 없어도 그만이다. 재물이 있다하여 자만하거나 없다하여 비굴하지 않는 것이다. 하나님이 모든 것의 주인이시고 원천이시고 이유이기 때문이다.

둘. 누가 주인인가

누가 주인인가

"공중의 새를 보라"라는 이 말씀 앞에 하신 재물에 대한 예수님의 말씀을 기억하고 있는가? 재물은 보물과 같고 몸의 눈과도 같을 뿐 아니라 사람들의 섬김을 받는 주인 노릇하는 재물의 신 맘몬mammon이라고 말씀하셨다. 그러니 '공중의 새를 보라' '들의 백합화를 보라' 는 '누가 주인인가 보라' 는 말과 같은 말씀이다. 맘몬이 주인인지 하나님이이 주인인지 보라는 말씀이다. 공중의 새와 우주만물을 누가 먹이는가? 누가 우주만물에게 옷을 입히는가? 누가 우주만물의 참 주인인가? 라고 묻는 말씀인 것이다. 공중의 새는 심지도 않고 거두지도 않고 창고에 모아들이지도 않는다. 경제활동이라고는 하지 않는다. 그럼에도 하늘 아버지께서 먹이시고 기르신다. 들의 백합화는 수고도 아니 하고 길쌈도 아니 한다. 오직 하나님께서 입히신다. 하나님은 왜 먹이시고 기르시고 입히시는가? 오직 하나님만이 주인이시고 하늘의 아버지이시기 때문이다. 맘몬이 주인이 아니다. 돈과 재물이 주인이 아니다.

마태복음 6장 25~26절 그러므로 내가 너희에게 이르노니 목숨을 위하여 무엇을 먹을까 무엇을 마실까 몸을 위하여 무엇을 입을까 염려하지 말라 목숨이 음식보다 중하지 아니하며 몸이 의복보다 중하지 아니하냐 공중의 새를 보라 심지도 않고 거두지도 않고 창고에 모아들이지도 아니하되 너희 하늘 아버지께서 기르시나니 너희는 이것들보다 귀하지 아니하냐

그러므로 "공중의 새를 보라"라는 말씀은 하나님의 선포다. '내가 주인이다. 나만이 우주만물의 참 주인이다. 내가 공중의 새를 먹이고 기른다. 하물며 너희일까 보냐? 무엇을 먹을까 무엇을 마실까 무엇을 입을까 염려하지 마라. 내가 너희의 공급자다. 내가 너희를 먹이고 기르는 하늘의 아버지다.' 이와 같이 참 주인이심을 선포하고 선언하는 말씀인 것이다.

많은 사람들이 물질적인 축복을 받기를 원한다. 더 많은 풍성한 공급을 원한다. 사실 많은 그리스도인들은 축복받는 믿음의 인과구조를 갖고 있다. 기도를 더 많이 한다거나 더욱 열심히 믿고 더 많은 헌신을 한다거나 주의 종을 잘 섬기는 것을 근거삼아 하나님의 물질적인 축복을 받는다고 생각한다. 그러나 공급의 근거는 사람에게 있는 이런 것들이 아니다. 사람에게 있는 종교적인 간절한 요소들을 뛰어 넘는다. 오직 공급의 근거는 하나님 자신에게 있고 하나님의 주인되심에 근거한다. "어떻게 하면" 하나님의 재정을 공급 받을 수 있는가가 아니다. 오직 하나님이 전능하신 주인이시고 유일한 공급자이심을 알고 믿고 선포하는 것이다. 여기가 출발점이다. 주인과의 관계를 분명하게 설정해야 한다. "하나님만이 나의 주인이시고 유일한 공급자이십니다. 나는 하나님께로부터 공급받는 자입니다." 라고 고백하고 선포해야 한다. 축복과 공급의 구조는 우리의 열

심이나 헌신이 원인이 되는 것이 아니라 주인되신 하나님과의 올바른 관계 속에 있다.

이러한 고백은 반대로 이 세상의 그 어떤 존재도 주인이 아니며 공급자가 아님을 선포하는 것과 같다. 돈 그 자체도, 재물의 신 맘몬도, 그 어떤 일도, 어떤 회사도, 자본주의도, 그 어떤 경제체제도, 정부와 국가도 결코 우리의 주인이 아니며 재물의 공급자가 아님을 고백하는 것이다. 사실 오늘날 공급의 신神은 자본주의다. 자본주의라는 공급의 신神은 일과 직장과 사업이라고 하는 공급자를 만들고, 이것들이 마치 부를 창조하고 끊임없이 공급할 수 있는 것처럼 말한다. 하나님 대신 다른 공급자를 만들어 숭배하게 만든다. 자 누가 주인인가 보라.

역대상 29장 11-12절 여호와여 위대하심과 권능과 영광과 승리와 위엄이 다 주께 속하였사오니 천지에 있는 것이 다 주의 것이로소이다 여호와여 주권도 주께 속하였사오니 주는 높으사 만물의 머리이심이니이다 부와 귀가 주께로 말미암고 또 주는 만물의 주재가 되사 손에 권세와 능력이 있사오니 모든 사람을 크게 하심과 강하게 하심이 주의 손에 있나이다

하나님의 주권은 얼마나 위대하고 크신가? 하나님은 모든 만물에 대한 소유권과 주재권과 공급권을 갖고 계신다. 모든 만물이 하나님의 것이다. 그리고 기쁘신 뜻대로 그 소유를 통치하시고 주재하신다. 모든 권세와 능

력을 갖고 계신다. 하나님은 소유하시고 주재하실 뿐만 아니라 그것을 원하는 사람에게 공급하신다. 하나님은 사람을 부하게도 하시고 귀하게도 하신다. 크게도 하시고 강하게도 하신다. 소유권과 주재권과 공급권이 오직 하나님께 속해 있다. 공급자는 오직 하나님뿐이다. 그 누구도 공급자가 아니며 주인도 아니다. 공급은 하나님의 일이다. 결코 우리의 일이 아니다. 어떻게 하면 더 많이 벌고 더 많이 소유할 수 있을까 고민할 필요가 없다. 그것은 하나님의 영역이다. 공급자는 유일하게 하나님뿐임을 인정하고 믿어야 한다. 이 지점이 공급의 출발점이다. 하나님은 공급하시는 하나님이시다. 공급은 하나님의 위대한 일이다.

맡김

주인이신 하나님은 공급하시는 일을 하신다. 그럼 하나님의 공급은 공급받는 자에게 어떤 방식으로 주어지는가? 하나님의 공급의 독특함과 공급받는 자의 지위에 대해서 가장 잘 가르쳐주고 있는 말씀이 아마 달란트 비유일 것이다.

> **마태복음 25장 14~15절** 또 어떤 사람이 타국에 갈 때 그 종들을 불러 자기 소유를 맡김과 같으니 각각 그 재능대로 한 사람에게는 금 다섯 달란트를, 한 사람에게는 두 달란트를, 한 사람에게는 한 달란트를 주고 떠났더니

이 비유는 하나님의 공급을 '주인의 소유를 맡김과 같으니' 라고 말씀한다. '맡기다entrust' 라는 말은 재물의 소유권이 주인에게 있다는 뜻이다. 주인의 것을 다만 잠시 '맡긴 것' 이다. 결코 공급받은 자의 것이 아니다. 소유권을 이전한 것이 아니다. 여기 '맡기다entrust' 라는 말은 보디발이 요셉을 집안 총무로 삼고 자기의 소유를 모두 그에게 맡겼을 때 사용한 '위탁하니' 라는 말과 같은 말이다.

창세기 39장 4절 요셉이 그의 주인에게 은혜를 입어 섬기매 그가 요셉을 가정 총무로 삼고 자기 소유를 다 그의 손에 위탁하니

하나님의 공급은 공급받는 자에게 맡기는 형식으로 이루어진다. 즉 위탁하시는 것이다. 공급받은 자의 지위는 재물의 소유권자가 아니라 맡은 자인 것이다. 이는 재물은 소유하는 것이 아니라 잠시 맡는 것이라는 것을 알 수 있다. 이 맡은 자를 무엇이라 부르는가? 성경은 이 맡은 자를 일컬어 '청지기廳지기'라고 한다. 공급받는 자는 주인이신 하나님의 재물을 공급받아 맡은 자인 청지기라는 지위와 역할을 갖게 되는 것이다. 청廳은 관청 청자인데 이를 풀어보면 청지기는 관청에서 일하는 사람처럼 왕의 명령을 잘 듣고 한 마음一心으로 맡은 것을 잘 지킨다는 뜻이다. 청지기가 할 일은 주인이신 하나님이 맡기신 재물을 잘 관리하고 잘 사용하는 일인 것이다.

맡긴 자와 맡은 자의 지위와 역할이 명확해졌다. 맡은 자인 청지기의 일은 결코 공급하는 일이 아니다. 공급자이신 하나님의 일에 너무 관심을 가질 필요가 없다. 그런데 청지기인 지위를 갖고 있는 그리스도인들이 이미 맡은 재물보다는 하나님의 더 많은 공급하심에 얼마나 관심이 많은가? 이는 현실적으로 '돈 쓰는 일' 보다는 '돈 버는 일'에 훨씬 많은 관심과 노력을 기울이는 것을 보면 쉽게 알 수 있는 일이다. 우리는 돈 잘 버는 일을 연구하고 돈을 더 잘 벌 수 있는 능력과 좋은 직업을 가지려고 애

쓴다. 반면에 돈을 잘 관리하고 잘 사용하는 것에는 그만큼 큰 관심이 없다. 돈을 어떻게 관리하고 사용해야 하는지에 대해서는 어디에서도 잘 가르쳐 주지 않는다. 자본주의는 우리가 청지기가 아니라 돈 잘 버는 공급자의 지위를 갖고 있다고 가르친다. 우리 또한 자본주의에 익숙해져서 청지기가 아니라 공급자의 지위로 살아간다. 우리는 자기가 얻은 재물을 공급을 통해 '맡겨진 재물'로 생각하기 보다는 '일해서 번 수입'이라고 생각한다. 하나님에게서 온 것이 아니라 자기의 노력과 수고로 번 돈이라고 생각하는 것이다. 당연히 소유권도 자기 자신이라고 생각할 뿐 아니라 자기 마음대로 사용할 수 있다고 생각한다. 청지기와 공급자의 지위와 정체성이 중첩되어 혼동하고 있는 것이다. 이 지점에서 우리의 모든 재물과 재정이 어그러지기 시작한다. 우리는 하나님의 공급하심과 맡기심의 은혜와 신비를 알 수 없게 되었다. 재물에 대해서는 눈이 어두어져 재리財利의 염려에 매여서 산다. 자기 정체성을 맡은 자가 아닌 공급자의 지위로 갖는 한 결국 재물mammon을 주인으로 섬기는 종의 지위로 전락하여 살게 되고 말 것이다.

십일조

여기서 잠시 십일조에 대해서 생각해 볼 필요가 있다. 십일조에 대해서는 '이미 그리스도 안에서 완성되었다 아니다 계속 지켜야 할 계명이다'라는 등의 신학적 논쟁이 있고 그 의미에 대해서도 여러 의견이 많은 것이 사실이다. 여기서 이런 신학적 논쟁을 하거나 다른 견해를 비판하고자 하는 것이 아니다. 다만 하나님은 우주만물의 주인이시고 이를 공급하시는 유일한 분이신 것과 이에 대해 우리는 공급받는 자이고 이를 맡은 자의 지위를 가지는 그 관계 속에서 십일조를 새롭게 바라보는 관점을 말하고 싶다.

십일조를 하나님과 자신의 지위와 관계 속에서 새롭게 이해하려면 먼저 재물에 대하여 갖는 하나님과 자신의 지위와 관계를 명확하게 할 필요가 있다. 이 재물에 대한 지위와 관계가 출발점이다. 그런 의미에서 '공중의 새를 보라 만물의 주인은 나 하나님이다' 라고 말씀하시는 그 하나님이 우주만물의 소유자시고 주재자이시고 공급자이신 것을 선언하고 고백하는 것은 매우 중요한 일이다.

"오직 하나님만이 나의 주인이십니다. 나의 유일한 공급자이십니다. 내게 있는 모든 것은 하나님께서 공급해 주신 것이며 전부 하나님의 것입니다. 나는 오직 하나님의 공급을 받는 자이며 이것을 맡은 자인 청지기일 뿐입니다."

이렇게 자신의 주인과 공급자이신 하나님을 고백하고 선포해야 한다. 이 고백과 선포는 하나님께 드리는 신실하고 충성된 믿음의 고백이고 천사들과 우주만물에 대한 선포이고 자기 스스로에 대한 믿음의 확인이고 무엇보다 악의 세력인 사단과 맘몬에게 하는 믿음의 확증이다. 재물에 대한 소유권과 주재권과 공급권이 하나님께만 있고 우리는 그의 공급받는 자녀이고 청지기임을 분명히 함으로써 맘몬에게 재물에 대한 권리를 조금도 내어주지 않겠다는 선언이 되는 것이다.

그러면 이렇게 하나님과 자신의 재물에 대한 지위와 관계를 고백하고 선포하는 좋은 방식으로 어떤 것이 있을까? 하나님께 드리는 예배와 다양한 형식의 헌금과 선한 일에 재물을 사용하는 방법 등이 있을 것이다. 이 모든 방법 가운데 가장 대표적이고 가장 좋은 방법 중 하나가 십일조라고 생각한다. 십일조는 단순히 하나님께 예물을 드리는 율법적인 행위이거나 축복을 받으려고 드리는 헌물이 아니다. 십일조는 모세의 율법에서 시작된 것이 아니고 아브라함에게서 시작되었다. 아브라함이 조카 롯과 그의 재물과 친척을 빼앗아간 그돌라오멜 연합군을 쳐부수고 돌아오는 길에 하나님의 제사장인 살렘 왕 멜기세덱을 만나 축복을 받고 그 얻은 것의 십분의 일을 드린다. 아브라함의 십일조는 축복을 받고자 드린 그 어떤 종교적인 행위나 율법적인 것이 아니었다. 이미 천지의 주재이신 하나님께서 주신 축복에 대하여 감사와 찬송의 고백으로 십분의 일을 드린 것이다. 이것은 야곱에게도 그대로 이어진다.

> **창세기 14장 19~20절** 그가 아브람에게 축복하여 이르되 천지의 주재이시오 지극히 높으신 하나님이여 아브람에게 복을 주옵소서 너희 대적을 네 손에 붙이신 지극히 높으신 하나님을 찬송할지로다 하매 아브람이 그 얻은 것에서 십분의 일을 멜기세덱에게 주었더라

> **창세기 28장 20-22절** 야곱이 서원하여 이르되 하나님이 나와 함께 계셔서 내가 가는 이 길에서 나를 지키시고 먹을 떡과 입을 옷을 주시어 내가 평안히 아버지 집으로 돌아가게 하시오면 여호와께서 나의 하나님이 되실 것이요 내가 기둥으로 세운 이 돌이 하나님의 집이 될 것이요 하나님께서 내게 주신 모든 것에서 십분의 일을 내가 반드시 하나님께 드리겠나이다 하였더라

십일조는 하나님과 아브라함의 관계 속에서 이루어진 것이다. 아브라함은 하나님만이 천지의 주재이시고 자기를 지켜 승리하게 하시고 재물을 취하여 얻게 하신 분이신 것을 알고 고백하고 감사하고 찬송하고 선포한 것이다. 이러한 근거는 아브라함이 소돔 왕에게 한 다음의 말을 보면

더욱 확실해 진다.

> **창세기 14장 21~23절** 소돔 왕이 아브람에게 이르되 사람은 내게 보내고 물품은 네가 가지라 아브람이 소돔 왕에게 이르되 천지의 주재이시요 지극히 높으신 여호와 하나님께 내가 손을 들어 맹세하노니 네 말이 내가 아브람으로 치부하게 하였다 할까 하여 네게 속한 것은 실 한 오라기나 들메끈 한 가닥도 내가 가지지 아니하리라

아브라함은 누가 천지의 주인인가를 분명히 선언하고 있다. 이 세상의 그 누구도 주인일 수 없다. 그래서 하나님이 아닌 소돔 왕이 치부하게 했다고 오해할 수 있는 것은 실오라기 하나 들매끈 한 가닥도 받지 않았다. 아브라함은 천지의 주인이시고 공급자이신 하나님이 주신 승리와 축복에 대한 감사와 찬송과 고백과 선포로써 십일조를 드린 것이다. 십일조는 모든 것을 하나님이 공급하셨음을 고백하고 선포하는 믿음의 표현이다. 십일조는 축복을 받으려는 조건으로 드리는 물질이 아니라 하나님과 자신과의 관계를 나타내고 하나님의 주인 되심을 선포하는 가장 좋은 방법임을 알 수 있다. 맘몬과 이 세상은 끊임없이 하나님이 공급자가 아니라고 말한다. 우리가 하는 일과 직업과 사업이 공급자라고 말한다. 자본주의와 치열한 경쟁과 전문적인 능력과 끊임없이 일하는 수고가 공급의 원천이라고 말한다. 이렇게 말하는 맘몬과 세상에 대하여 모든 재물에 대한 소유권과 주재권과 공급권은 오직 하나님께만 있음을 선포하고 선언하

는 것이 십일조의 의미다.

 십일조는 축복의 문제이기 이전에 하나님과의 관계의 문제다. 십일조를 축복의 구조로만 보는 것은 충분하지 않다. 하나님과의 관계와 이 세상에 대한 관계를 나타내는 것으로 보아야 한다. 따라서 십일조는 완성되었다거나 계속 해야 할 율법이라거나 하는 관점이나 또는 축복의 조건이나 믿음의 기준으로 이해하는 것은 바람직하지 않다고 생각한다. 공급하시고 공급받는 하나님과 자신과의 관계를 이 보다 더 잘 표현하고 나타내고 선포할 수 있는 그 어떤 방식이 있을까? 하나님이 주신 것의 대표값인 십분의 일을 가지고 하나님과 자신만의 관계를 고백하고 선포할 수 있다는 것은 얼마나 멋진 일인가! 천사들과 온 우주만물뿐만 아니라 사단과 맘몬과 이 세상이 다 놀라 경탄을 금치 못할 일이 아닌가! 이런 놀라운 장면을 보여주는 가장 멋진 말씀이 있다.

> **욥기 1장 9~11절** 사탄이 여호와께 대답하여 이르되 욥이 어찌 까닭없이 하나님을 경외하리이까 주께서 그와 그의 집과 그의 모든 소유물을 울타리로 두르심 때문이 아니니이까 주께서 그의 손으로 하는 바를 복되게 하사 그의 소유물이 땅에 넘치게 하셨음이니이다 이제 주의 손을 펴서 그의 모든 소유물을 치소서 그리하시면 틀림없이 주를 향하여 욕하지 않겠나이까

사탄이 하나님께 욥을 참소하는 장면이다. 사탄은 욥이 어떠한 까닭 때문에 하나님을 섬긴다고 생각하고 있다. 사탄이 생각하는 수준이다. 만약 욥이 사탄의 생각처럼 축복의 구조로만 재물을 바라봤다면 사탄의 이러한 올무에 걸려들고 말았을 것이다. 하나님은 욥이 그렇지 않다는 것을 알고 계셨고 그를 신뢰했다. 욥은 하나님이 재물을 넘치게 주시거나 주신 재물을 쳐서 없이 하거나 변함없이 하나님을 경외하고 섬기는 신실한 사람인 것이다. 그야말로 까닭이 없다. 이것이 십일조의 진정한 의미라 할 수 있다. 축복과 재물은 하나님과의 관계 속에 있는 것이지 재물이 하나님과의 관계를 만들어 내거나 축복의 전제 조건은 아니다.

이와 같이 십일조는 그 본질적인 의미와 동기와 그 배경이 종교적인 것이 아닌 하나님과의 관계에 있다. 그러나 십일조를 통한 하나님과의 관계는 더욱 확장되어 더 많은 풍부한 관점과 의미와 능력을 나타내는 말씀도 있다. 십일조는 이스라엘 역사에서 하나님을 섬기는 제사장과 레위인의 양식이 되었을 뿐만 아니라 하나님의 친구라 부르는 고아와 과부와 나그네의 식탁이 되기도 하였다. 삼년마다 가난한 자를 위한 십일조를 특별히 드리도록 한 것은 그 좋은 예이다. 이것은 십일조가 어떻게 쓰였으며 또 오늘날 십일조가 어떻게 사용되어야 하는가를 말해주고 있다. 이스라엘의 역사에서 고아와 과부와 나그네에 대한 나눔과 섬김은 항상 하나님과의 친밀한 관계를 나타내는 바로미터였던 것이다.

신명기 26장 12절 셋째 해 곧 십일조를 드리는 해에 네 모든 소산의 십일조 내기를 마친 후에 그것을 레위인과 객과 고아와 과부에게 주어 네 성읍 안에서 먹고 배부르게 하라

또한 십일조의 축복과 권세에 대해서 약속하고 있는 말씀도 있다. 대표적인 말씀이 아마 말라기의 말씀일 것이다. 말라기는 십일조를 드리지 않는 것에 대해 하나님의 것을 도둑질하는 것이라고 말한다. 이 점은 이미 하나님과의 관계의 중요성에 대해 말한 바와 같이 충분히 이해할 수 있는 말씀이다. 우리에게 있는 모든 것이 하나님께서 주신 것이요 하나님의 것인데 마치 자기 힘으로 얻은 것인 냥 하고 자기 소유인 것처럼 하여 십일조를 드리지 않았으니 하나님의 것을 도둑질 한 것이나 마찬가지인 셈이다.

말라기 3장 8-10절 사람이 어찌 하나님의 것을 도둑질하겠느냐 그러나 너희는 나의 것을 도둑질하고도 말하기를 우리가 어떻게 주의 것을 도둑질하였나이까 하는도다 이는 곧 십일조와 봉헌물이라 너희 곧 온 나라가 나의 것을 도둑질하였으므로 너희가 저주를 받았느니라 만군의 여호와가 이르노라 너희의 온전한 십일조를 창고에 들여 나의 집에 양식이 있게 하고 그것으로 나를 시험하여 내가 하늘 문을 열고 너희에게 복을 쌓을 곳이 없도록 붓지 아니하나 보라

십일조에 대해 말라기가 가르쳐 주는 두 가지는 온전한 십일조와 십일조에 따르는 축복에 대한 말씀이다. 온전한 십일조는 십일조tithes, 1/10와 헌물offering을 말한다. 십일조tithes, 1/10는 말 그대로 십분의 일을 의미하며 양적 개념이다. 전체를 대표하는 값으로 십분의 일이면 그것으로 족하다. 더하거나 덜 할 것이 없다. 이에 비해 헌물offering은 질의 개념으로 그야말로 마음에서 정한대로이다. 인색함으로나 억지로 하지 않고 즐거움으로 기꺼이 정한 것이다. 말라기는 또한 십일조에 대해 놀라운 축복을 약속하고 있다. 이 부분이 교회에서 가장 많이 설교되고 강조되고 있는 말씀일 것이다. 이 말씀은 십일조를 축복의 조건으로 단순화하여 이해하는 것보다는 십일조를 통해 선포되고 회복된 하나님과의 올바른 관계에서 따라 오는 축복으로 이해하는 것이 타당하다. 자칫 십일조를 종교적이고 율법적인 축복의 구조로 고착화 하는 위험에서 벗어나 하나님과의 올바른 관계를 더욱 증진시키고 하나님의 주인 되시는 영광을 드러낼 때 하나님의 은혜로 거저 따르게 되는 하나님의 축복이 얼마나 큰가에 대한 말씀이다. 그렇다. 천지의 주재이신 하나님은 하늘 문을 여시고 축복을 주신다. 왜 아니 그러시겠는가? 공급하시는 하나님과 공급받는 우리와의 관계를 가장 온전하게 나타내고 세우는 것이 십일조이기 때문이다. 그러므로 십일조를 신앙의 잣대로 삼아서는 안 된다. 충성과 헌신의 기준으로 삼아서는 안 된다. 교회는 십일조를 믿음이나 헌신의 기준으로 또는 축복의 조건으로 너무 강조해서는 안 된다. 그러면 결국 십일조를 하는 것으로 자신의 믿음과 헌신을 증명하게 되는 십분의 일의 신앙인을 만들고 말게 된다. 하나님과의 친밀한 관계로서의 십일조를 선포하자! 십일조를 통해 하나님의 주인 되심을 맘껏 드러내자! 하나님이 나의 유일하신 공급자이심을 맘껏 자랑하자! 십일조는 하나님께 공급받은 자녀만이 감사함으로 할 수 있는 특권이고 권세이고 명예이고 영광이다.

충성

재물에 대해 매이지 않고 공급자이신 하나님만을 주인으로 섬기며 살려면 무엇보다 먼저 맡은 자로서의 청지기의 지위를 회복해야 한다. 청지기가 그 맡은 직분을 잘 감당하려면 청지기에게 요구되는 필요한 덕목이 있다. "맡은 자들에게 구할 것은 충성이니라"라고 한 말씀처럼 그것은 충성忠誠이다. 고전 4:2

> **마태복음 25장 19~21절** 오랜 후에 그 종들의 주인이 돌아와 그들과 결산할새 다섯 달란트를 받았던 자는 다섯 달란트를 더 가지고 와서 이르되 주인이여 내게 다섯 달란트를 주셨는데 보소서 내가 또 다섯 달란트를 남겼나이다 그 주인이 이르되 잘 하였도다 착하고 충성된 종아 네가 적은 일에 충성하였으매 내가 많은 것으로 네게 맡기리니 네 주인의 즐거움에 참여할지어다 하고

이 말씀을 통해서 맡은 자의 충성이 무엇인가에 대해서는 "남겼다"는 것 외에는 명확하게 알기는 어렵다. 그러나 이 말씀은 충성에 대한 몇 가지 통찰력을 준다. 첫째는 주인이 "착하고 충성된 종아 네가 적은 일에 충성하였으매"라고 말한 것처럼 맡은 자에게 요구되는 유일한 평가 기준은

충성임을 알 수 있다. 충성 외에는 언급한 것이 없다. 오직 충성 하나로 주인은 족한 것이다.

둘째는 충성에는 보상이 주어진다는 것을 알 수 있다. 보상은 두 가지 인데 하나는 더 많은 것으로 맡기는 것이고, 또 하나는 주인의 즐거움에 참여하는 것이다. 참으로 놀라운 말씀이다. 통상 우리는 더 많은 재물의 공급을 위해서 기도한다. 더 많은 공급을 주시면 축복의 통로가 되겠다는 결심도 곁들여서 기도한다. 그러나 여기 말씀을 보면 더 많은 재물의 공급과 맡김은 기도로 말미암은 것이 아니라 충성됨으로 되는 것임을 알 수 있다. 지금 현재 맡은 것이 얼마이든지간에, 즉 다섯 달란트이든, 두 달란트이든, 한 달란트이든 관계없이 그 맡은 재물에 충성하는 태도가 더 많은 것을 맡게 되는 기준이 될 뿐이다. 충성된 자에 대한 또 하나의 보상은 주인의 즐거움에 참여하는 것이다. 더 많은 것으로 보상받는 것도 중요하지만 주인의 즐거움에 참여하는 것은 얼마나 큰 보상인가! 주인의 즐거움에 참여한다는 것은 먹고 마시고 사는 우리의 일상적인 삶이 하나님께서 주시는 즐거움으로 채워지는 것을 의미하지 않을까 생각한다. 특히 재물의 공급과 관리와 사용에 있어서 늘 부족함이 없을 뿐 아니라 넘치고 풍성한 재물로 많은 사람들을 섬기는 즐거움에 대해서 말하고 있을 것이다. 이 즐거움은 우리가 이 세상에서 재물에 대해서 자유하고 재물에 대한 맘몬의 지배와 영향력을 끊어내고 하나님의 풍성한 공급을 온전하게 누리는 모습일 것이다. 공급하시는 하나님은 재물의 공급뿐만 아니라 주인의 즐거움을 주시기 원하신다.

셋째로 이 말씀은 맡은 재물이 많든 적든 그 일은 적은 일이라는 것을 알 수 있다. 많은 사람들이 이 세상에서 재물에 관한 일은 가장 중요하고 아주 큰일이라고 생각한다. 하지만, 주인이신 하나님께 재물은 적은 일일 뿐이다. 맡은 재물에 대한 충성 또한 적은 일이다. 그렇다고 적은 일이라 생각해서 한 달란트 맡은 종처럼 소홀하게 해서는 안 된다. 적은 일이지만 여기에 따르는 결과는 아주 중요한 일이기 때문이다.

그럼 무엇이 청지기의 충성됨인가? 충성됨의 속성에 대해서 말하고 있는 말씀이 있다. 이 말씀은 낭비하는 충성되지 못한 청지기에 대한 비유를 말씀하면서 덧붙여 충성에 대해 언급하신 말씀이다. 이 말씀은 작은 것과 큰 것, 불의한 재물과 참된 것, 남의 것과 자기의 것을 각각 비교하여 충성됨의 본질적 특성을 설명해 주고 있다.

누가복음 16장 10~12절 지극히 작은 것에 충성된 자는 큰 것에도 충성하고 지극히 작은 것에 불의한 자는 큰 것에도 불의하니라 너희가 만일 불의한 재물에도 충성하지 아니하면 누가 참된 것으로 너희에게 맡기겠느냐 너희가 만일 남의 것에 충성하지 아니하면 누가 너희의 것을 너희에게 주겠느냐 첫째로 충성됨은 지극히 작은 것에 대한 충성으로 드러난다. 작은 것에 대해서 충성할 수 있어야 큰 것에도 충성할 수 있다는 것이다. 이는 충성이라는 속성이 맡은 일의 어떠함에 있는 것이 아니라 맡은 자 자신에게 속한 성품의 문제임을 알 수 있다. 충성의 성품은 맡은 일의 크고 작은 것에 따라 변할 수 없는 것이다. 그래서 충성은 성령의 열매로 맺어지는 신의 성품에 속한 것이다. 그런데 성경은 재물에 관한 일이 지극히 작은 일이라고 말한다.눅19:17 다섯 달란트나 두 달란트나 한 달란트는 서로 비교하여 많고 적은 것이 아니라 모두 적은 일이다. 아무리 적은 것을 맡았더라도 맡은 자는 모두 각각 100을 맡은 것이다. 현재 맡은 재물이 다른 사람과 비교하여 상대적으로 적다고 하여 소홀히 관리한다면 작은 일에 충성하지 않는 것이 된다. 한 달란트 받은 종이 충성하지 않은 것과 같다. 더 많은 것을 맡으려는 욕심보다는 현재 자기가 맡은 적은 것부터 충성하는 것이 얼마나 중요한 일인가! 작은 일에 대한 충성의 보상은 크다. 하나님은 더 많은 것으로 맡기실 것이다. 작은 재물에 대해서 충성하지 못하면서 큰일을 구하는 것은 어리석은 일이다.

둘째로 충성은 불의한 재물에 충성하는 것으로 드러난다. 불의한 재물은 이 세상의 재물worldly wealth을 말한다. 하나님은 우리에게 이 세상의 삶을 위해 세상 재물을 맡기셨다. 우리가 이 세상에서 재물의 종노릇하지 않고 오히려 재물을 다스리고 잘 관리한다면 하나님은 하늘의 참된 것으로 맡겨주실 것이다. 그런데 이 세상 재물에는 소홀히 하면서 하늘에 속한 신령한 것들을 구하는 사람들이 많다. 진정한 충성됨은 하늘의 것을 구하는 데 있지 않고 이 세상 재물에 충성하는데서 나타난다. 이 세상의 재물에 충성하는 것은 어떻게 할 수 있는가? 재물을 주인으로 섬기지 않는 것이다. 재물을 그저 땅에 쌓아두지 않는 것이다. 재물을 하늘로 가지고 갈 수는 없지만 하늘에 쌓을 수는 있다. 그러면 하나님은 하늘에 속한 참된 것과 신령한 복으로 맡겨주실 것이다.

셋째로 충성은 남의 것에 충성하는 것으로 드러난다. 사실 이 세상에서 자기 것이 얼마나 되는가? 이 세상에서 자기 것으로 소유할 수 있는 것은 아무것도 없다. 모두 남의 것을 맡은 자로 관리하고 사용하며 일하고 산다. 재물은 모두 남의 것이다. 소유자가 아니라 맡은 자다. 남의 것을 위해 자기 것처럼 마음과 뜻과 정성을 다해 충성하는 것이 충성됨의 본질이다. 자기에게 맡겨진 모든 것이 남의 것으로 알고 충성을 다하면 진정 자기의 것을 받게 된다. 마치 자기 것인 것처럼 소유하거나 주인 노릇하려고 하면 오히려 재물의 종이 되고 만다.

넷째로 충성은 낭비하지 않고 남기는 것으로 드러난다. 맡은 자는 주인이 와서 얼마를 남겼는지에 대해 반드시 결산하게 된다. 낭비하여 남기지 못한 청지기는 그 일을 더는 맡을 수 없게 된다. 한 달란트 받은 종처럼 땅에 묻어 두고 심지 않은 데서 거두려고 하는 자는 악하고 게으른 종으로 책망을 받게 된다. 어떻게 남기는 충성된 청지기가 될 수 있는가?

낭비

청지기가 충성하는 것이 무엇인가를 보여주려고 성경은 충성을 다 하지 못한 어떤 청지기의 이야기 들려준다. 충성이 아닌 것을 통해 충성에 대해 말하고 있는 것이다.

누가복음 16장 1~2절 또한 제자들에게 이르시되 어떤 부자에게 청지기가 있는데 그가 주인의 소유를 낭비한다는 말이 그 주인에게 들린지라 주인이 그를 불러 이르되 내가 네게 대하여 들은 것이 어찌 됨이냐 네가 보던 일을 셈하라 청지기 직무를 계속하지 못하리라 하니

주인의 소유, 즉 맡은 재물을 낭비하는 청지기의 이야기다. 이 소식을 들은 주인은 그 동안의 회계를 결산한 다음 더는 청지기로서의 직무를 하지 못하도록 해고할 마음을 먹고 있다. 이 이야기가 주는 통찰력은 청지기의 충성되지 못한 모습을 통해 맡은 재물에 대한 충성이 무엇인지 알려준다는 점이다. 반대 개념을 알면 본래의 의미를 알 수 있기 때문이다. 이 비유를 통해 충성됨의 반대는 낭비하는 것임을 알 수 있다. 맡은 재물, 즉 주인의 소유를 낭비하는 것이 충성되지 못한 태도인 것이다.

낭비는 맡은 재물을 규모 있게 잘 관리하지 못하고 헛된 데에 잘못 사용하거나 그저 허비하는 것을 의미한다. 있는 것을 무의미하게 허비하여 부족하게 만드는 것이 소극적 의미의 낭비라면 한 달란트 받은 종이 땅에 묻어 두어 아무런 이익도 남기지 못한 것은 더욱 큰 낭비이고 충성되지 못한 모습임에 틀림없다. "악하고 게으른 종아 나는 심지 않은 데서 거두고 헤치지 않은 데서 모으는 줄로 네가 알았더냐"라고 주인이 책망하고 있다.마25:26 이로보아 적극적인 의미의 낭비는 맡은 자로서 청지기가 이익을 남기지 못한 것이다.

허비하거나 이익을 남기지 못하여 낭비하는 청지기는 어떻게 되는가? 청지기 직무를 계속해서 수행할 수 없게 된다. 이제는 주인이 재물을 맡기지 않게 될 뿐 아니라 이미 맡고 있는 청지기 자리에서도 쫓겨날 것이기 때문이다. 이는 우리의 현실적인 삶에서 종종 경험하게 되는 모습이다. 풍족할 때 하나님의 기뻐하시는 뜻대로 재물을 잘 관리하여 사용하지 못하거나 또는 심고 거두어 남기는 삶을 살지 못하고 헛된 욕심으로 낭비하다가 사업이 망하거나 직장을 잃게 되거나 신용을 잃고 빚을 지게 되는 경우가 있다. 하나님이 공급을 통해 맡긴 재물을 마치 자기 소유인 냥 낭비하다가 모두 탕진하고 더 이상의 공급이 끊어지면서 빚과 궁핍함에 이르게 된다. 우리 삶의 모든 경우가 그런 것은 아니겠지만 청지기로서의 충성됨은 하나님의 공급하심과 매우 밀접한 관계에 있음이 확실하다. 낭비하는 청지기는 그 있는 것까지 빼앗기게 되는 것이다. 그러므로 현실적으로 공급이 끊어지고 재정이 궁핍해지고 빚을 지게 된다면, 그동안 자신이 맡은 재물에 얼마나 충성을 다했는지 신실하게 돌아보는 것이 지혜로운 사람의 태도이다..

마태복음 25장 26~30절 그 주인이 대답하여 이르되 악하고 게으른 종아 나는 심지 않은 데서 거두고 헤치지 않은 데서 모으는 줄로 네가 알았느냐 그러면 네가 마땅히 내 돈을 취리하는 자들에게나 맡겼다가 내가 돌아와서 내 원금과 이자를 받게 하였을 것이니라 하고 그에게서 그 한 달란트를 빼앗아 열 달란트 가진 자에게 주라 무릇 있는 자는 받아 풍족하게 되고 없는 자는 그 있는 것까지 빼앗기리라 이 무익한 종을 바깥 어두운 데로 내쫓으라 거기서 슬피 울며 이를 갈리라 하니라

빚

빚을 지고 있다는 것은 그 시점에서 결산했을 때 맡은 재물에 대하여 마이너스를 냈다는 것을 말한다. 낭비한 청지기가 된 것이다. 어떤 이유로든 충성하지 못한 결과임에 틀림없다. 변명할 여지가 없으며 변명하여 진실을 회피하려 들면 안 된다. 변명하거나 회피하려 들면 오히려 충성된 청지기가 될 수 있는 좋은 기회를 상실하게 된다. 낭비한 청지기였고 충성되지 못했고 다 빼앗겨 빚진 자가 되었음을 인정해야 한다. 빚을 졌다는 것은 무슨 뜻인가? 이에 대한 성경 말씀은 명확하고 단호하다. 너무나 단순하다. 다른 말이 필요 없다. 빚진 자는 채권자의 종이 되었다고 말한다.

잠언 22장 7절 부자는 가난한 자를 주관하고 빚진 자는 채주의 종이 되느니라

옛날 신분제 사회에서는 빚을 대신하여 실제로 종의 신분이 되어 주인에게 팔려갔다. 오늘날은 신분상의 종은 아니지만 영적, 정신적, 경제적으로 종의 모습으로 사는 것이 현실이다. 누구를 위하여 일하게 되는가 보라. 빚을 지게 되면 경제 활동의 대부분이 빚을 갚기 위한 무의미한 일

이 되고 만다. 채권자인 주인을 위해 일하는 종이 된 것이다. 인생의 소중한 많은 시간동안 일하여 얻게 되는 수익이 채권자의 원금과 이자를 갚는데로 들어간다. 정신적으로도 피폐해지고 가족 공동체의 행복은 깨진다. 영적인 면에서도 심각하다. 빚은 영적으로도 어둠과 악한 세력에 매이는 결과를 가져온다. 하나님의 형상대로 지음 받은 자유로운 한 인간으로서의 존엄성이 누군가의 종으로 묶여 매이게 된다. 올무와 시험에 빠진 것과 같다. 빠져 나오려고 발버둥을 쳐보지만 점점 더 깊은 수렁에 빠지게 된다. 이렇게 빚을 빌미로 하여 어둠의 세력에 붙잡히게 되면 그 결과는 얼마나 심각한가! 돈의 마력魔力에서 보았듯이 온갖 근심으로 자기를 찌르게 되고 결국은 파멸과 멸망에 이르게 되고 만다.

그동안 하나님의 재정에 대해서 강의하면서 확인해본 결과 빚 없이 사는 성도는 대략 열 명 중 한명 꼴이었다. 빚에 대한 반응은 생각보다 훨씬 심각했다. 빚 없이 어떻게 살 수 있느냐는 현실론도 있었고, 빚을 활용하는 것도 지혜로운 재테크의 한 방법이라고 생각하는 전문가적 식견도 있었다. 그러나 결코 좋은 빚은 없다. 빚은 악한 세력에게 자신의 집의 문을 열어 주어 정원을 짓밟게 하는 것이나 마찬가지다. 적은 빚이 그 틈을 만들게 되고 점점 그 틈이 커져 대문을 열어주는 꼴이 되는 것이다. 빚은 영적, 정신적, 경제적인 종의 상태로 묶어 놓을 뿐 아니라 실질적으로 재물에 대한 모든 권세를 빼앗긴 것이나 다름없게 만든다. 우리가 하는 일들은 결국 채권자를 위한 일들이 되고, 모든 재물은 맘몬에 묶여서 늘 막히고 부족하게 되어 다시 더 꾸게 되고 더 큰 빚을 지게 되는 악순환의 사슬에 매이고 만다. 그러면 이 땅에서 하나님의 자녀로서 누려야 될 축복과 청지기로서 맡아야 할 재물에 대한 특권을 상실하게 되는 것이다.

도둑과 저주

빚지는 것은 인생을 도둑맞는 것과 같다. 예수님은 이 세상에는 구멍을 뚫고 쌓아둔 재물을 도둑질 하는 도둑이 있다고 말씀했다.마6:19 도둑은 처음에는 도둑질을 하지만 나중에는 죽이고 멸망시키기까지 한다.

> 요한복음 10:10 도둑이 오는 것은 도둑질하고 죽이고 멸망시키려는 것뿐이요 내가 온 것은 양으로 생명을 얻게 하고 더 풍성히 얻게 하려는 것이라

그러면 도둑이 우리 인생에서 도둑질 해 가는 것은 무엇인가? 잠언은 하나님이 우리 인생에게 주신 가장 소중한 것 네 가지가 있는데 그것을 빼앗아 간다고 말씀한다. 첫째는 존영尊榮을 빼앗아 간다. 존영은 존귀와 영광을 말한다. 사람은 본래 하나님의 형상을 따라 존귀하고 영광스런 존재로 창조되었다. 지혜가 충만하고 빛이 새벽 같이 비치며 하나님의 영광이 호위하는 그런 존재인 것이다. 그런데 사람이 이러한 존영을 도둑맞아 잃어버리게 되면 얼마나 초라하게 되는가! 둘째는 수한壽限을 잔인한 자에게 빼앗기게 된다. 하나님께서 주신 연수대로 장수하지 못하고 생명을 도둑맞아 잃게 되는 것을 말한다. 얼마나 많은 사람들이 하나님이 주시는

장수의 축복을 누리지 못하고 소중한 생명을 단축시키고 악한 자에게 목숨을 빼앗기고 있는지 모른다. 셋째로 재물을 빼앗기게 된다. 재물을 도둑맞는다는 것은 자기가 수고하여 얻은 재물을 다른 사람이 가져가서 풍족하게 누리게 되는 것을 말한다. 넷째는 몸의 건강을 잃게 된다. 몸이 도둑맞으면 몸은 급속하게 쇠약하게 되고 질병으로 고통 받게 된다. 이렇게 도둑은 틈만 주면 우리 인생에 찾아와서 알지도 못하는 순간에 우리의 소중한 것들을 도둑질하고 죽이고 멸망시키는 것이다.

잠언 5장 9~12절 두렵건대 네 존영이 남에게 잃어버리게 되며 네 수한이 잔인한 자에게 빼앗기게 될까 하노라 두렵건대 타인이 네 재물로 충족하게 되며 네 수고한 것이 외인의 집에 있게 될까 하노라 두렵건대 마지막에 이르러 네 몸, 네 육체가 쇠약할 때에 네가 한탄하여 말하기를 내가 어찌하여 훈계를 싫어하며 내 마음이 꾸지람을 가벼이 여기고

이처럼 존영과 수한과 재물과 건강을 도둑맞아 빼앗기는 것은 저주 때문이다. 저주는 무엇인가? 저주는 아담과 하와가 죄를 지은 후에 뱀과 땅이 저주를 받은 것으로부터 시작되었다. 땅은 저주를 받아 가시덤불과 엉겅퀴를 냈고 아담은 저주받은 땅에서 땀 흘려 수고하여야 그 소산을 먹을 수 있게 되었고 결국 흙으로 돌아가야 했다. 이와 같이 저주는 죄와 악으로 말미암아 따라오는 사망과 사망에 속한 것들, 즉 고통과 질병과 가난 등에 붙잡혀 매이고 묶이는 것이다. 신명기 28장은 저주가 어떻게 오며

저주의 결과가 무엇인지에 대해서 잘 말해 주고 있다.

신명기 28장 20~21절 네가 악을 행하여 그를 잊으므로 네 손으로 하는 모든 일에 여호와께서 저주와 혼란과 책망을 내리사 망하며 속히 파멸하게 하실 것이며 여호와께서 네 몸에 염병이 들게 하사 네가 들어가 차지할 땅에서 마침내 너를 멸하실 것이며

신명기 28장 38~44절 네가 많은 종자를 들에 뿌릴지라도 메뚜기가 먹으므로 거둘 것이 적을 것이며 네가 포도원을 심고 가꿀지라도 벌레가 먹으므로 포도를 따지 못하고 포도주를 마시지 못할 것이며 네 모든 경내에 감람나무가 있을지라도 그 열매가 떨어지므로 그 기름을 네 몸에 바르지 못할 것이며 네가 자녀를 낳을지라도 그들이 포로가 되므로 너와 함께 있지 못할 것이며 네 모든 나무와 토지 소산은 메뚜기가 먹을 것이며 너의 중에 우거하는 이방인은 점점 높아져서 네 위에 뛰어나고 너는 점점 낮아질 것이며 그는 네게 꾸어줄지라도 너는 그에게 꾸어주지 못하리니 그는 머리가 되고 너는 꼬리가 될 것이라

저주의 결과는 고통과 질병과 가난과 빚으로 온다. 질병과 가난과 빚의 사슬과 멍에에 매이게 되는 것이다. 그러므로 우리가 고통과 질병과 가난과 빚으로부터 벗어나려면 먼저 저주의 사슬과 멍에를 끊고 꺾어버려야 한다. 어떻게 저주에서 해방될 수 있는가?

저주의 속량

빚진 자가 빚의 저주와 멍에에서 벗어날 수 있는 길은 무엇인가? 빚진 자가 빚의 사슬에서 해방될 수 있는 근거와 그 실제적인 능력은 무엇인가? 그 근거와 능력은 예수님께서 모든 저주를 받으시고 속량하신데 있다. 저주에서 벗어나는 능력은 우리에게 있는 것이 아니다. 새가 올무에 빠지면 스스로는 절대로 빠져 나오지 못하는 것과 같다.

갈라디아서 3장 13~14절 그리스도께서 우리를 위하여 저주를 받은 바 되사 율법의 저주에서 우리를 속량하셨으니 기록된 바 나무에 달린 자마다 저주 아래에 있는 자라 하였음이라 이는 그리스도 예수 안에서 아브라함의 복이 이방인에게 미치게 하고 또 우리로 하여금 믿음으로 말미암아 성령의 약속을 받게 하려 함이라

우리는 그리스도로 말미암아 죄와 사망과 질병과 가난과 부채의 모든 저주에서 속량 받은 진리의 말씀 위에 있다. 우리는 빚을 실제로 갚아가기 전에 먼저 예수 그리스도께서 모든 저주를 속량하셨다는 진리 위에 서야 한다. 이것은 빚을 빌미로 우리를 얽매이고 있는 사탄의 정죄와 맘몬의 재물에 대한 영향력에서 해방되는 영적인 능력이다. 현실적으로 갚아

야 할 빚이 있다고 하더라도 우리는 이제 빚의 굴레와 우리 자신의 재물에 대한 맘몬의 어두운 영향력에서 실질적으로 벗어나게 되는 것이다.

이렇게 빚의 저주에서 벗어나면 어떻게 되는가? 약속된 아브라함의 복을 누리게 된다. 땅의 유업과 자손의 번성과 모든 족속의 복의 근원이 되는 아브라함의 복을 그리스도 안에서 소유하게 된다. 아브라함의 복을 누리려면 이 약속에 대한 믿음을 가지고 짊어지고 있는 현실적인 빚을 최우선적으로 해결해 나가야 한다. 빚을 지고 있으면서 아브라함의 복을 누릴 수는 없는 것이다. 무엇보다 먼저 빚을 갚아야만 한다. .

빚 갚는 태도

 빚은 갚아야 한다. 충성된 청지기로서의 삶을 다시 시작하려면 첫 번째 할 일이 빚 갚는 일이다. 다른 어떤 일보다 먼저 빚을 해결해야 한다. 이 보다 더 중요하고 급한 일은 없다. 빚을 갚는 일은 재물에 대한 하나님의 주인 되심을 선언하는 것과 같은 일이다. 또한 청지기로서 맡은 재물에 충성하겠다는 신실한 약속의 출발점이기도 하다. 무엇보다 어둠의 세력에게 빼앗기고 묶인 재물에 대한 권세를 회복하는 영적, 정신적, 경제적인 열쇠가 된다. 그래서 반드시 빚은 갚아야 한다. 빚을 해결하는 방법은 세 가지 밖에 없다. 그 하나는 스스로 모두 갚는 것이다. 두 번째는 다른 사람이 대신 갚아 주는 것이다. 셋째는 채권자에게서 탕감 받는 것이다. 우리는 다른 사람이 빚을 대신 갚아 주거나 채권자에게서 탕감 받지 않는 이상 반드시 빚을 갚아야 한다. 그러면 빚을 어떻게 갚아야 하는가? 빚을 갚는 것도 중요하지만 빚을 갚는 태도 또한 매우 중요하다. 빚을 갚는 태도는 재물에 대한 자신의 청지기로서의 진정한 지위와 신실함과 권세를 드러내는 것이기 때문이다. 그럼 성경은 빚 갚는 태도에 대해서 어떻게 말씀하고 있는가?

 첫째로 빚을 갚지 않는 것은 그 자체가 악이라고 말씀한다. 할 수만 있으면 어떻게든 빚을 갚지 않으려고 하는 불량한 마음을 가져서는 안 된다. 그 자체가 악이다. 빚을 갚지 않은 채로 있으면 악에 붙잡혀 있는 것과 같고 악의 세력에게 자신과 자신의 재물을 내어 준 것과 같은 것이다. 그러니 어찌 재물에 형통하겠는가! 악을 쌓게 되면 사탄은 이를 빌미로 우리를 계속해서 괴롭힐 것이다. 악은 마치 소나무에서 나오는 송진과 같아서 맘몬이 우리의 재물에 찐덕찐덕 붙어서 떨어지지 않는 것과 같은 것이다.

> **시편 37장 21절** 악인은 꾸고 갚지 아니하나 의인은 은혜를 베풀고 주는도다

둘째로 빚은 갚을 능력이 있는 한 즉시 갚아야 한다. 빚을 즉시 갚으라는 직접적인 성경말씀은 없지만 품꾼의 품삯을 다음 날 아침까지 갖고 있지 말고 그 날에 곧바로 주라는 레위기 말씀이나 도움이 필요한 이웃에게 줄 수 있는 능력이 있으면서 내일 주겠다고 하지 말라는 잠언의 말씀은 빚 갚는 원리에도 그대로 적용된다고 생각된다. 갚을 돈을 갖고 있으면서 갚지 않고 차일피일 미루는 것은 결코 좋은 태도가 아니다. 갚을 능력이 있으면서 지연시키는 것은 채권자를 노하게 하는 일일뿐 아니라 빚을 갚겠다는 자신의 결심에도 시험받을 틈을 주는 것과 같다. 즉시 갚는 것이 빚의 어둠을 이기는 길이다.

레위기 19장 13절 너는 네 이웃을 억압하지 말며 착취하지 말며 품꾼의 삯을 아침까지 밤새도록 네게 두지 말며

잠언 3장 28절 네게 있거든 이웃에게 이르기를 갔다가 다시 오라 내일 주겠노라 하지 말며

셋째로 호리라도 남김없이 모두 갚아야 한다. 일부만 갚고 얼렁뚱땅 넘어가려고 하면 안 된다. 조금이라도 에누리하여 적게 갚으려는 의도로 빚을 축소하거나 다 갚지 않은 채 넘어가서는 안 된다. 물론 빚의 일부를 갚고 나머지를 탕감 받는 것은 좋은 일이다. 탕감은 채권자가 베푸는 호의로서 감사하고 기뻐할 일이다. 그러나 탕감은 전적으로 채권자의 권한이고 전적으로 그의 호의다. 탕감해 주지 않는다하여 그를 비난하거나 원망과 불평을 해서는 안 된다.

마태복음 5장 26절 진실로 네게 이르노니 네가 한 푼이라도 남김이 없이 다 갚기 전에는 결코 거기서 나오지 못하리라

넷째로 빚으로 생활하면 안 된다. 빚으로 생활한다는 것은 무슨 의미인가? 빚진 자가 빚을 갚아야 할 돈으로 분에 지나친 생활을 하거나 불요불급한 지출을 하는 것을 말한다. 빚이 있는 상태에서 지출이 많은 생활수준을 유지하는 것은 악이 될 수 있다. 생활비를 줄여서 빚을 먼저 갚는 태

도가 중요하다. 지출을 최대한 줄여야 한다. 필요하면 집도 줄이고 차도 처분하고 의식주에 이르기까지 줄이는 노력이 따라야 한다. 개인적으로는 견딜만한 수준까지 핍절한 생활을 권하고 싶다. 그러면 그동안 재물을 얼마나 많이 낭비했는지 알 수 있게 된다. 얼마나 충성되지 못했는지 자신을 돌아볼 수 있는 절호의 기회가 된다. 재물에 종속되어 재물의 꽁무니를 좇아가는 삶에서 재물을 다스리고 적은 것에도 감사하며 살 수 있게 된다. 영과 마음과 몸이 강건해지고 단련되는 것이다.

열왕기하 4장 7절 그 여인이 하나님의 사람에게 나아가서 말하니 그가 이르되 너는 가서 기름을 팔아 빚을 갚고 남은 것으로 너와 네 두 아들이 생활하라 하였더라

다섯째로 원망과 시비를 그치고 불평불만하지 않아야 한다. 사업이 망하거나 직장을 잃거나 투자가 잘못되어 빚을 과도하게 많이 지게 되면 그 상황이 너무나 막막하기 때문에 채권자에 대해서, 도움을 주지 않고 방관하고 있는 주변 사람들에 대해서, 그리고 바보 같은 짓을 한 자기 자신에 대해서 원망과 시비가 생기고 불평불만을 쏟아낼 수 있다. 잘못은 자기가 해놓고 괜히 주변의 모든 사람들이 원망스러운 것이다. 더군다나 하나님께 대해서도 잘못 가는 자기를 막아서 지켜주시지 않고 방치하신 것에 대해 '하나님은 뭘 하고 계셨는가. 왜 하나님은 나를 이 구렁텅이에 빠지도록 가만 두셨는가'하고 불평하게 된다. 이런 사람에 대해 잠언은 다음과

같은 기막힌 말씀을 하고 있다.

> **잠언 19장 2~3절** 지식 없는 소원은 선하지 못하고 발이 급한 사람은 잘못 가느니라 사람이 미련하므로 자기 길을 굽게 하고 마음으로 여호와를 원망하느니라

급하고 미련한 마음으로 자기 길을 스스로 굽게 만들어 놓고는 괜히 하나님을 원망하는 어리석은 사람의 모습을 얼마나 잘 보여주고 있는가! 회사가 망했을 때 나는 상당한 부채를 갖게 되었는데, 아침 9시만 되면 매일같이 채권은행의 여직원에게서 연체금액 확인 및 독촉 전화가 왔다. 처음 얼마 동안은 아침 9시가 되자마자 전화하는 것에 대해서 화를 내면서 아주 불친절하고 퉁명스럽게 전화를 받았다. 그러던 어느 날 마음에 '네가 왜 네 주인채권자에게 화를 내느냐' 하는 생각이 불쑥 들었다. 그 때부터 마음을 바꿔 최대한 친절하게 그러나 비굴하지 않고 정직하게 받기로 마음먹었다. 그래서 친절하게 전화를 받으면서 용기를 내어 '나는 갚을 마음이 있는데 현재는 갚을 능력이 없다. 어떻게 할 수 있는 방법이 없느냐고 물었더니 정말 기대하지 않은 좋은 방법을 안내해 줘서 큰 도움을 받은 적이 있다. 이자도 절반수준으로 줄여주고 원금 일부도 탕감해 주었다. 하나님이나 채권자나 그 어떤 사람도 원망하거나 불평해서는 안 된다는 것을 배우게 되었다.

빚 갚기

그러면 빚을 갚는 지혜로운 실천적 방법은 있을까? 가장 좋은 방법은 각자 자기 안에 있다. 자기만의 상황과 형편에 맞는 방법을 찾아서 하는 것이 가장 현명한 방법이다. 여기서 말하는 빚 갚는 방법은 나의 빚 갚기 경험을 정리한 하나의 사례일 뿐이라는 것을 알아주기 바란다.

빚을 갚을 때 맨 처음 할 일은 빚을 갚기로 결심하고 선언하는 일이다. 스스로 결심하고 하나님께 믿음으로 약속하고 채권자에게도 말하는 것이 좋다. 이러한 결심과 선언은 실제로 빚을 완전히 성공적으로 청산하는 데 아주 중요하다. 빚은 갚기로 결심하는 순간부터 이미 갚은 것과 같은 효력이 발휘된다. 놀라운 일이 아닐 수 없다. 종으로 묶인 영적 상태에서 벗어나 어둠에서 해방되어 빛 가운데로 들어온 것 같은 느낌이 들게 된다. 나는 이것을 믿음의 결심과 선언이 가져온 실질적인 권세의 회복이라고 믿는다. 빚을 갚을 수 있는 영적, 정신적인 힘이 생기는 것이다. 빚진 자의 재물에 깃들어 어둠으로 붙잡고 있던 맘몬의 권세는 빛이 비취면 멀리 떠나게 되는 것이다.

둘째로 빚의 목록을 작성한다. 빚의 목록은 채권자별로 작성하는 것이 좋다. 채권자인 금융기관별, 개인별로 각각 빚의 규모가 큰 순서로 작성한다. 원금과 월별 이자를 구분하여 갚아야 할 월별 금액과 일 년의 총금액을 계산하여 정리한다. 갚아야 할 기간도 기록한다. 빚이 하나라도 누락되지 않도록 철저하게 조사하여 정리해야 한다. 기록하여 계산해 보지 않고 마음으로만 막연하게 갖고 있으면 안 된다. 진지하고 철저하게 하지 않고 대충 하게 되면 빚에 질질 끌려갈 가능성이 그만큼 높아진다.

셋째로 월별로 갚을 수 있는 월 최대 금액이 얼마인지를 계산하여 정한다. 능력을 너무 초과하거나 능력보다 너무 적게 정하면 갚지 못할 확률이 그만큼 높아진다. 월 지출계획을 작성할 때 다른 지출 항목들과 조율하여 정하는 것이 좋다. 월 지출계획 작성방법은 이 책 후반부에서 다뤄진다.

넷째로 빚 목록을 보고 월별 정해진 금액 내에서 갚아야 할 빚의 우선순위를 정한다. 우선순위를 정하는 방법은 먼저 채권자중에서 개인적으로 아주 가까운 관계에 있는 채권자부터 우선순위를 정하는 것이 좋다. 채권자 중에 부모, 형제, 친척, 친구, 회사 동료가 있으면 이 사람들부터 먼저 갚을 것을 권한다. 많은 사람들이 가까운 사람들은 이해해줄 거라고 생각하고 가까운 사람들에게는 소홀히 하는 경우가 많다. 빚으로 인해 가까운 사람들과의 소중한 관계가 어떻게 되었는지를 봐라. 빚은 가까운 사람들과의 소중한 인간관계를 깨뜨리고 불신과 원망을 쌓는다. 가까운 사람들과의 관계를 먼저 빨리 회복하는 것이 중요하다. 사랑하는 가까운 사람들과의 신뢰회복이 영적, 정신적, 경제적인 빛과 능력이 된다. 가까운 관계와 병행해서 갚아야할 금액이 적은 채권자순으로 우선순위를 정하는 것이 좋다. 금액이 적은 빚은 짧은 기간에 갚을 수 있고 채권자 수를 빨리 줄여나가는 좋은 방법이기 때문이다. 금액의 규모가 큰 금융기관의 빚은 장기적으로 월별 지출능력의 한도 내에서 갚도록 계획하면 된다. 금융기관의 빚은 주기적으로 채권자와 적극적으로 협의하여 이자를 낮추어 갈 수 있도록 하고 금융제도상의 지원 프로그램을 최대한 활용할 필요가 있다. 빚의 규모가 수년 안에 갚을 능력을 초과하는 큰 규모일 경우에는 신용회복 프로그램이나 파산 및 면책 같은 법적인 구제제도를 활용하는 것도 지혜로운 방법이다. 국가와 정부와 법과 제도는 이 세상과 국민을 보존하려고 허용된 안전장치이다. 남은 인생을 빚 갚는데 다 쏟아 넣는 것은 결코 지혜로운 일은 아니다. 하나님께서 주신 아름다운 인생을 빚 갚는데 다 쏟고 가면 어찌 되겠는가!

다섯째는 빚을 내어 빚을 갚아서는 안 된다. 당연하고 모두 다 아는 얘기지만 잘 지키지 않는다. 급한 마음에 참으로 어리석게도 더 높은 이자로 빚을 내어 돌려 막는다. 두더지 잡는 게임을 하는 것과 같다. 두더지가 느리게 올라오는 처음에는 막아지는 것 같지만 점차 감당할 수 없는 속도로 두더지는 올라온다. 결국 어떻게 되는가? 연자 맷돌 위에 돌을 얹어 물 속으로 뛰어드는 것과 무엇이 다른가? 빚이 눈덩이처럼 커질 뿐이다. 어떤 사람은 소액이라고 생각하여 가까운 사람들에게서 빌려서 갚는 경우도 있다. 돈을 빌린 사람에게 약속한 일자에 갚을 가능성은 거의 없다. 친구나 가까운 사람에게 절대로 돈을 빌리지 마라. 친구한테 돈을 꾸어 달라고 하는 사람은 이미 친구가 아니다. 주종관계가 되고 만다. 친구에게는 절대로 꾸어주지도 마라. 정히 어쩔 수 없이 꾸어주어야겠거든 친구를 빚쟁이 만들지 말고 그냥 주어라. 꾸어 주거나 꾸게 되면 사람이 거짓말 하는 것이 아니라 상황과 돈이 거짓말 하여 갚을 수 없게 된다. 이미 관계는 깨졌고 빚은 더 많아질 뿐이다.

  여섯째는 빚을 갚을 수 없을 때는 갚지 말고 그 상태로 기다리는 것이 좋다. 이 때는 금방 무슨 일이 일어날 것 같은 두려움이 엄습해 오기 때문에 대부분의 사람들은 이 두려움을 견디지 못한다. 무엇이라도 해야 할 것만 같다. 가만히 있는 것이 무책임한 일이라고 생각한다. 그래서 앞서 말 한대로 빚을 내어 빚을 갚는 가장 어리석은 짓을 저지르게 된다. 그렇지만 무슨 일이 일어날 것 같은 두려움이나 자책에 속아서는 안 된다. 사실 별 큰일은 일어나지 않는다. 죽을 것 같이 숨 막히기도 하지만 죽을 일도 위험한 일도 일어나지 않는다. 채권자와 만나 정확하게 자기 상황과 의지를 말해야 한다. 비굴할 필요도 없고 자만할 필요도 없다. 정직하고 용기를 가져야 한다. 그러면 의외로 어렵지 않게 기회의 문이 열리는 것을 경험하게 될 것이다.

일곱째는 계속 빚지는 소비생활 방식을 바꿔야 한다. 예를 들면 신용카드는 매우 편리하여 사용하지 않으면 불편하고 곤란한 경우도 발생하지만 사실 이자를 내고 한달 빚을 사용하는 것과 같다. 불편을 감수하면서 사용하지 않는 것도 좋은 방식이라 생각된다. 약간의 불편을 감수하면서라도 돈쓰는 습관과 방식을 바꾸는 것은 좋은 일이다. 현금 지불 카드인 체크카드를 사용하거나 현금을 사용하는 습관을 갖는 것이 좋은 방법일 것이다. 또한 빚을 충분히 갚지 못하는 형편이면서 헌금이나 선한 일에 지나치게 많이 지출하는 것은 바람직하지 못한 일이다. 고르반이라는 말이 있다. 부모는 소홀히 하면서 하나님께 드렸다하면 그만이라는 말이다. 빚을 갚는 일을 헌금이나 선한 일에 돈쓰는 것보다 최우선으로 해야 한다. 축복을 기대하는 마음으로 하는 것이겠지만 빚을 신실하게 갚는 것이 축복받는 지름길이다!

셋. 공급은 하나님의 일이다

공급은 하나님의 일이다

하나님의 공급에 대한 말씀은 셀 수 없이 많다. 우리는 공급하시는 하나님께 '일용할 양식을 주옵시고'라고 기도한다. 하나님이 공급하시는 분이라는 것은 누구나 다 알고 그렇게 믿고 기도한다. 그러나 하나님은 단순히 공급하시는 분으로 그치는 것이 아니라 공급이라는 일이 하나님의 일이라는 것이다. 공급은 사람의 일이 아니다. 본질적으로 하나님께 속한 하나님의 영역이다.

마태복음 6장 25~32절 그러므로 내가 너희에게 이르노니 목숨을 위하여 무엇을 먹을까 무엇을 마실까 몸을 위하여 무엇을 입을까 염려하지 말라 목숨이 음식보다 중하지 아니하며 몸이 의복보다 중하지 아니하냐 공중의 새를 보라 심지도 않고 거두지도 않고 창고에 모아들이지도 아니하되 너희 하늘 아버지께서 기르시나니 너희는 이것들보다 귀하지 아니하냐 …… 오늘 있다가 내일 아궁이에 던져지는 들풀도 하나님이 이렇게 입히시거든 하물며 너희일까보냐 믿음이 작은 자들아 그러므로 염려하여 이르기를 무엇을 먹을까 무엇을 마실까 무엇을 입을까 하지 말라 이는 다 이방인들이 구하는 것이라 너희 하늘 아버지께서 이 모든 것이 너희에게 있어야 할 줄을 아시느니라 이 말씀은 공급하시는 하나님에 대한 얼마나 놀라운 말씀인가! 하나님이 주인이시고 공급하시는 분이라는 선포다. 하나님은 먹이시고 기르시는 하늘의 아버지이다. 아버지는 자녀에게 먹을 것과 마실 것과 입을 것이 있어야 할 줄을 알고 계신다. 그래서 염려하지 말라고 말씀하신다. 하나님이 없는 이방인들처럼 무엇을 먹을까 무엇을 마실까 무엇을 입을까 아예 구하지도 말라고 말씀하신다. '공중의 새도 믿는 일을 왜 새보다 훨씬 존귀한 너희는 믿지 못하느냐'라고 물으시는 것과 같다.

더 나아가 이 말씀은 공급은 하나님의 일이라고 말씀하신다. 공중의 새는 심지도 않고 거두지도 않고 창고에 모아들이지도 아니한다. 새가 한 일이라곤 아무것도 없다. 새가 공급에 대한 하나님의 일을 거들어 도울 일은 없다. 공급은 하나님의 일이기 때문이다. 처음부터 공급은 하나님의 일이었다. 사람의 일이 아니었다. 하나님은 사람을 창조하시고 이미 먹을거리를 온 지면과 동산에 풍성하게 준비해 주셨다.

> 창세기 1장 29절 하나님이 이르시되 내가 온 지면의 씨 맺는 모든 채소와 씨 가진 열매 맺는 모든 나무를 너희에게 주노니 너희의 먹을거리가 되리라

> 창세기 2장 16절 여호와 하나님이 그 사람에게 명하여 이르시되 동산 각종 나무의 열매는 네가 임의로 먹되

우리는 끊임없이 하나님을 대신해서 무슨 일인가를 해야 한다고 말한다. 도저히 말도 안 되는 상황에서 아무것도 없는 곳에서 하나님이라고 어떻게 공급하실 수 있겠는가하고 의심한다. 이스라엘 백성이 광야에서 불평하며 했던 말 그대로다. 하나님이 아무것도 없는 광야 같은 데서는 식탁을 베푸실 수 없을 거라고 생각한다. 제자들도 그랬다. '이미 저녁이 되었고 이 곳은 빈들인데 오천 명이나 되는 무리를 어떻게 먹일 수 있겠습니까' 라고 의문을 제기하였다.눅9:10-17 하나님은 하나님일 뿐 아니라 먹이시고 기르시는 하늘 아버지라는 것을 알지 못한다. 부모가 자녀를 먹이고 기른다. 자녀가 뭘 할 수 있겠는가! 공급은 부모의 일이지 자녀의 일이 아니다.

시편 78장 19~20절 그뿐 아니라 하나님을 대적하여 말하기를 하나님이 광야에서 식탁을 베푸실 수 있으랴 보라 그가 반석을 쳐서 물을 내시니 시내가 넘쳤으나 그가 능히 떡도 주시며 자기 백성을 위하여 고기도 예비하시랴 하였도다

우리는 늘 어떤 조건이 더해져야 가능하다고 생각한다. 우리가 기도를 많이 해야 한다거나 무엇인가 해야 한다고 생각한다. 마치 우리가 하나님을 돕지 않으면 공급하실 수 없는 분인 것처럼 말한다. 그렇지 않다. 누가 '참새믿음' 이라고 했던 말이 기억난다. 참새가 하나님을 도운 일이라곤 아무것도 없다. 우리에게 필요한 것은 오직 참새믿음이다. 오직 하나님의

성실하심이 우리의 양식이다. 하나님의 변함없는 그 신실하신 성품이 오늘도 일용할 양식으로 온 우주만물을 먹이시고 기르시고 계신다. 우리가 할 것은 하나님의 신실하심을 의뢰하는 것뿐이다. 여기에 덧보탤 것이 없다. 공급은 사람의 일이 아니다. 공급은 하나님의 일이고 하나님은 공급하시는 분이시다.

시편 37장 3절 여호와를 의뢰하고 선을 행하라 땅에 머무르는 동안 그의 성실을 먹을거리로 삼을지니라

만나의 공급방식

그러면 하나님의 공급은 어떤 방식으로 이루어지는가? 공급하시는 특별한 방식이 있는가? 하나님의 공급하시는 방식은 무궁무진하다. 시대와 상황과 사람에 따라 그 공급하는 방식은 하나님의 무한한 지혜와 능력만큼이나 많을 것이다. 여기서는 이해를 돕기 위한 지식의 방편으로 크게 네 가지 방식으로 묶어서 말하겠다.

공급의 첫 번째 방식은 만나의 공급방식이다. 하나님께서 하늘에서 직접 공급하시는 공급이다. 이 땅이 출처가 아니며 사람의 어떤 조력이 있었던 것도 아니다. 하나님의 하나님 되심과 그 영광을 나타내신다.

> **출애굽기 16장 4절** 그 때에 여호와께서 모세에게 이르시되 보라 내가 너희를 위하여 하늘에서 양식을 비 같이 내리리니 백성이 나가서 일용할 것을 날마다 거둘 것이라 그들이 내 율법을 준행하나 아니하나 내가 시험하리라

이러한 공급은 보편적인 공급의 방식이라고는 할 수 없을 것이다. 이스라엘 백성에 대한 광야에서의 특별한 목적의 공급이라 할 수 있다. 이는

신명기의 그 유명한 말씀을 보면 알 수 있다.

> **신명기 8장 3절** 너를 낮추시며 주리게 하시며 또 너도 알지 못하며 네 조상들도 알지 못하던 만나를 네게 먹이신 것은 사람이 떡으로만 사는 것이 아니요 여호와의 입에서 나오는 모든 말씀으로 사는 줄을 네가 알게 하려 하심이니라

아무것도 없는 광야라는 특별한 상황에서 낮추시고 주리게 하시고 만나를 주신 것은 사람이 다만 먹고 마시는 것으로만 사는 존재가 아니라는 것을 알게 하시려는 것이었다. 사람은 떡과 더불어 하나님의 입에서 나오는 말씀을 먹고 살아야 하는 존재인 것이다. 만나의 공급은 이것을 배우게 하는 목적의 공급이다. 모든 하나님의 공급에는 만나의 공급과 같이 일용할 양식과 하나님의 말씀의 양식이 함께 들어 있다. 만나와 같이 하늘에서 직접 내리는 공급이 아닐지라도 오늘날 우리에게 공급하시는 하나님의 모든 공급의 방식에는 하나님의 말씀으로 사는 것을 가르치는 양식이 들어있음을 기억해야 한다.

남의 것을 취하는 공급방식

두 번째 공급의 방식으로는 남의 것을 취하는 방식이다. 자기가 심지 않고 가꾸지 않고 수고하지 않은 것을 취하여 먹는 것이다. 대표적인 예가 이스라엘 백성이 요단강을 건너 가나안 땅에 들어갔을 때 건축하지 아니한 성읍과 집에서 거하게 하시고 농사짓지 아니한 과일과 곡식으로 배불리 먹게 하신 공급일 것이다.

> **신명기 6장 10-14절** 네 하나님 여호와께서 네 조상 아브라함과 이삭과 야곱을 향하여 네게 주리라 맹세하신 땅으로 너를 들어가게 하시고 네가 건축하지 아니한 크고 아름다운 성읍을 얻게 하시며 네가 채우지 아니한 아름다운 물건이 가득한 집을 얻게 하시며 네가 파지 아니한 우물을 차지하게 하시며 네가 심지 아니한 포도원과 감람나무를 차지하게 하사 네게 배불리 먹게 하실 때에 너는 조심하여 너를 애굽 땅 종 되었던 집에서 인도하여 내신 여호와를 잊지 말고 네 하나님 여호와를 경외하며 그를 섬기며 그의 이름으로 맹세할 것이니라 너희는 다른 신들 곧 네 사면에 있는 백성의 신들을 따르지 말라

반드시 자기가 심고 가꾸고 거두어야만 먹을 수 있는 것은 아니다. 하

나님은 이스라엘이 가나안 땅에 들어가자마자 거처를 마련할 수도 없고 농사지을 수 없는 형편임을 아시고 가나안 족속이 이미 지은 집과 음식을 취하여 주셨다. 필요한 모든 의식주를 미리 예비하신 것이다. 여호와 이레의 공급이다. 성경은 부자가 쌓은 재물을 다른 사람이 취하게 될 것에 대해 자주 말씀한다. 부자에 대한 경고의 말씀이지만 남의 것을 취하게 하시는 공급이 있음을 보여주는 것이다. 또한 경우가 조금 다르긴 하지만 아브라함은 애굽에 내려갔을 때 아내 사라의 일로 애굽 왕 바로의 후대를 받게 되고 양과 소와 노비와 암수 나귀와 낙타를 얻게 된다. 이는 아브라함이 부자가 되는 기반이 되었다. 이와 같이 하나님은 부자의 쌓은 재물을 흩어서 가난한 자와 하나님께서 주시고자 하는 자들이 취하게 하신다. 그러나 남의 것을 취하게 하시는 공급의 방식이 보편적으로 항상 적용되는 방법은 아닐 것이다. 하나님의 적합한 때right time에 적합한 사람right people에게 적합한 장소right place에서 이뤄지는 방식일 것이다.

재물 얻을 능력을 주시는 공급

세 번째 공급방식은 재물 얻을 능력을 주시는 방식이다. 아마 가장 보편적인 공급방식이 아닐까 생각한다. 이 방식은 이스라엘 백성이 가나안 땅을 정복하고 안정적으로 정착 했을 때 사용하신 방식이다.

신명기 8장 12~18절 네가 먹어서 배부르고 아름다운 집을 짓고 거주하게 되며 또 네 소와 양이 번성하며 네 은금이 증식되며 네 소유가 다 풍부하게 될 때에 네 마음이 교만하여 네 하나님 여호와를 잊어버릴까 염려하노라 중략 그러나 네가 마음에 이르기를 내 능력과 내 손의 힘으로 내가 이 재물을 얻었다 말할 것이라 네 하나님 여호와를 기억하라 그가 네게 재물 얻을 능력을 주셨음이라 이같이 하심은 네 조상들에게 맹세하신 언약을 오늘과 같이 이루려 하심이니라

하나님은 재물 얻을 능력을 주시고 그 능력을 통해서 공급하신다. 오늘날 대부분의 직업을 통한 공급이 여기에 해당할 것이다. 각 사람에게 특별한 재능과 지식과 기술과 능력을 주셔서 어떤 일을 더 잘 하게 하시고 그것으로 직업을 삼게 하셔서 재물을 얻게 하신다. 각 사람에게 타고난 탤런트를 주신 것이다. 그래서 옛사람들은 '누구나 태어날 때 자기 먹

고 살 것은 가지고 태어난다' 고 말했을 것이다. 그런데 이러한 재물 얻을 능력을 통한 공급에 대해 오해하는 경우가 있다. 자기의 능력으로 재물을 얻었다고 생각하는 것이다. 이에 대해 하나님은 자기가 잘나서 그런 것이 아니라 하나님께서 재물 얻을 능력을 주셨다고 분명하게 말씀하신다. 직업과 어떤 일을 잘 할 수 있는 능력도 하나님이 주신 것이다. 달란트 비유와 같이 각각 받은 대로가 100이다. 받은 것에 감사하고 각각 자기가 맡은 일에 충성을 다하고 더 남겨야 한다. 직업과 일을 통해 다른 사람과 비교하거나 경쟁하거나 우월함과 열등함을 갖는 것이 아니라 오직 하나님을 기억하고 하나님의 말씀을 따라 겸손해야 한다.

출애굽기 35장 30~33절 모세가 이스라엘 자손에게 이르되 볼지어다 여호와께서 유다 지파 훌의 손자요 우리의 아들인 브살렐을 지명하여 부르시고 하나님의 영을 그에게 충만하게 하여 지혜와 총명과 지식으로 여러 가지 일을 하게 하시되 금과 은과 놋으로 제작하는 기술을 고안하게 하시며 보석을 깎아 물리며 나무를 새기는 여러 가지 정교한 일을 하게 하셨고

이사야 11장 2절 그의 위에 여호와의 영 곧 지혜와 총명의 영이요 모략과 재능의 영이요 지식과 여호와를 경외하는 영이 강림하시리니

한편 하나님의 재물 얻을 능력을 주시는 공급에는 능력에 따른 최소한

의 공급만을 주시는 것이 아니라 능력을 초월하여 더해 주시는 공급이 있다. 하나님은 우리에게 주신 제한된 능력에만 의존하는 공급이 아니라 당신의 능력을 더 하셔서 풍성하게 공급하시는 것이다. 야곱은 통상의 농사에 비해 백배를 거두었다. 100년 농사를 지은 것이다. 하나님의 공급은 사람의 능력과 일한만큼만 공급하시는 것이 아님을 알 수 있다. 하나님의 능력을 더 얹으셔서 백배의 부를 만드시고 공급하시는 분이시다. 이것은 능력이나 일 자체가 공급자가 아니라는 것을 보여주는 것이다. 능력도, 일도, 직업도, 직장도, 사업도 하나님께 속한 것이다.

창세기 26장 12~13절 이삭이 그 땅에서 농사하여 그 해에 백배나 얻었고 여호와께서 복을 주시므로 그 사람이 창대하고 왕성하여 마침내 거부가 되어

신명기 28장 8절 여호와께서 명령하사 네 창고와 네 손으로 하는 모든 일에 복을 내리시고 네 하나님 여호와께서 네게 주시는 땅에서 네게 복을 주실 것이며

심고 거두는 공급

네 번째 하나님의 공급방식은 심고 거두는 방식이다. 심고 거두는 법은 하나님나라의 가장 놀라운 공급방식이다. 하나님은 심고 거두시는 분이시다. 각종 식물을 만드시되 그 종류대로 씨를 만드셨고 그 씨를 심어 자라게 하셨다. 이렇게 심는 것을 '씨' 라 하고 자라서 거두는 것을 '열매' 라 하셨다. 하나님은 씨 안에 장래의 잎과 줄기와 꽃과 열매의 모든 형체를 넣어 두시고 이 씨를 심어서 자라게 하시는 방법으로 백배의 열매를 거두신다. 씨는 놀라운 능력을 갖고 있다. 자기는 심겨져 죽지만 자기 안에 있는 생명의 능력으로 자라나서 열매를 통해 자기와 같은 씨를 가진 열매를 삼십 배, 육십 배, 백배로 증식시키는 능력이 있다. 아래 말씀은 부활에 대한 비유의 말씀이지만 씨에 대한 놀라운 통찰력을 준다.

고린도전서 15장 35~38절 누가 묻기를 죽은 자들이 어떻게 다시 살아나며 어떠한 모습로 오느냐 하리니 어리석은 자여 네가 뿌리는 씨가 죽지 않으면 살아나지 못하겠고 또 네가 뿌리는 것은 장래의 형체를 뿌리는 것이 아니요 다만 밀이나 다른 것의 알맹이 뿐이로되 하나님이 그 뜻대로 그에게 형체를 주시되 각 종자에게 그 형체를 주시느니라 하나님은 이와 같이 씨를 심고 거두는 방식으로 일하신다. 예수님은 자신의 죽으심과 부활하심을 땅에 떨어져 심겨져 죽어서 많은 열매를 맺는 한 알의 밀알로 비유하셨다. 부활하신 예수님의 생명은 믿는 모든 사람을 살리는 생명이 된다. 그 뿐 아니라 씨 뿌리는 자의 비유에서 말씀하신 것처럼 하나님의 말씀은 씨다. 말씀은 씨와 같이 마음의 밭에 심겨져 보존되고 인내로써 결실하게 된다. 하나님은 무엇으로 심든지 심는 그대로 거두는 법에 따라 일하신다. 갈6:7

> **마가복음 4장 26~28절** 또 이르시되 하나님의 나라는 사람이 씨를 땅에 뿌림과 같으니 그가 밤낮 자고 깨고 하는 중에 씨가 나서 자라되 어떻게 그리 되는지를 알지 못하느니라 땅이 스스로 열매를 맺되 처음에는 싹이요 다음에는 이삭이요 그 다음에는 이삭에 충실한 곡식이라

하나님은 사람으로 하여금 씨를 땅에 심게 하신다. 사람은 그 씨가 어떻게 자라는지 알지 못한다. 하나님이 자라게 하셔서 열매를 맺게 하시기 때문이다. 이것이 하나님나라의 일하시는 방식이다. 그런데 놀라운 사실은 성경은 재물도 '씨'와 같다고 말씀하고 있다. 하나님은 재물도 씨와 같이 심고 거두는 방식으로 공급하시겠다고 약속하신 것이다. 오늘날 교회와 그리스도인에게 주신 이 놀라운 공급의 비밀이 충분한 계시의 빛을 받지 못하고 있다. 이 공급의 방식은 자본주의 물결에 휩쓸려 교회와 그리스도인들에게서 희미해져 있다. 이 책의 주된 목적이 바로 재물을 씨와

같이 심고 거두는 방식으로 공급하시는 하나님의 계시의 비밀을 더욱 선명하게 밝히는 데 있다.

넷. 일은 하나님의 것이다

일의 신神

일이란 무엇인가? 오늘날 자본주의는 재물을 지배하는 경제의 주인이 되었다. 자본주의는 일이라는 신神을 만들어 사람들을 지배하고 사람들은 경쟁이라는 제물을 바치며 일의 신神을 숭배한다. 사람은 이제 일의 주인이 아니다. 주인인 돈이 사람들에게 일하도록 시킨다. 일이 재물의 공급자이고 재물을 창조하는 원천이 되었다. 사람에게서 일이 차지하고 있는 지위를 봐라. 나를 무엇으로 증명하는가? 하고 있는 일이 바로 나다. 하는 일이 나의 신분이고 능력이고 성공이다. 하고 있는 그 일이 나를 말해주는 표지이고 재물에 대한 능력의 척도가 된다. 직업과 명함이 모든 것을 말해준다. 요즘 그리스도인들은 하나님의 축복마저도 이 범주 안에 묶어 놓는다. 하나님은 다만 일할 수 있는 직장을 주시고 일을 잘 할 수 있는 능력을 주시고 우리가 하는 일을 축복하실 뿐 그 일을 초월하시지는 않는 분으로 여긴다. 하나님은 끊임없이 좋은 일자리를 주시고 사업이 잘 되고 성공하도록 도와주시는 그런 하나님이실 뿐이다. 하나님은 결국 우리가 하는 일의 능력의 한계 내에서만 공급하실 수 있는 분이고 다른 공급의 방법은 극히 제한적이라 생각한다. 하나님은 우리가 하는 일을 통해서만 부를 창조하고 공급하시고 일하시는 그런 하나님이신가?

일은 하나님의 것

그럼 일의 참된 의미는 무엇인가? 일은 언제 어떻게 시작되었는가? 성경은 일을 무엇이라 말하고 있는가? 놀랍게도 성경은 하나님이 일하시는 분이라고 말씀한다. 세상의 어떤 신이 일을 하는가? 세상의 모든 신들은 복을 주거나 저주를 주는 신으로 묘사될 뿐이다.

> **예레미야 33장 2절** 일을 행하시는 여호와, 그것을 만들며 성취하시는 여호와, 그의 이름을 여호와라 하는 이가 이와 같이 이르시도다

> **요한복음 5장 17절** 예수께서 그들에게 이르시되 내 아버지께서 이제까지 일하시니 나도 일한다 하시매

하나님은 일하시는 분이라고 말씀한다. 단순히 일하실 뿐만 아니라 일을 계획하시고 만드시고 그 일을 성취하는 하나님이시다. 예수님은 아버지께서 지금도 계속 일하시고 계시기 때문에 예수님 자신도 일하신다고 하셨다. 그럼 하나님은 언제부터 일하셨는가? 하나님이 하신 첫 일이 창조의 일이 아니다. 하나님은 창조 전에, 즉 창조의 일을 하시기 전에 이미 일하셨다.

에베소서 1장 3~6절 찬송하리로다 하나님 곧 우리 주 예수 그리스도의 아버지께서 그리스도 안에서 하늘에 속한 모든 신령한 복을 우리에게 주시되 곧 창세 전에 그리스도 안에서 우리를 택하사 우리로 사랑 안에서 그 앞에 거룩하고 흠이 없게 하시려고 그 기쁘신 뜻대로 우리를 예정하사 예수 그리스도로 말미암아 자기의 아들들이 되게 하셨으니 이는 그가 사랑하시는 자 안에서 우리에게 거저 주시는 바 그의 은혜의 영광을 찬송하게 하려는 것이라

하나님은 창세전에 하나님 자신의 형상을 가진 아들들에 대한 계획을 세우셨다. 창세 전에 이미 일을 시작하셨고 이렇게 창세 전에 세우신 계획을 성취하고자 하신 일이 태초에 천지와 우주만물을 창조하신 일이다. 그리고 하나님의 형상을 따라 사람을 만드셨다. 이처럼 하나님은 일을 계획하시고 만드시고 성취하시는 분이다. 이 모든 일들은 하나님과 분리되어 있는 것이 아니다. 이 모든 일들은 예수 그리스도 안에서 오직 사랑 안에서 하나님 자신의 기쁘신 뜻을 가지고 하신 것이다. 일은 하나님 안에 있고 하나님에게서 나온 것이며 본질적으로 하나님께 속한 것이다. 그 어떤 피조물도 하나님의 일하시는 대상이지 일하는 존재가 아니다. 일은 오직 창조주이신 하나님의 것이고 하나님의 사랑이고 하나님의 기쁨이고 하나님의 뜻이다.

일의 위임

그런데 어떻게 사람이 일을 하게 되었는가? 사람이 일하게 된 이유를 죄로 말미암은 저주의 결과라고 생각하는 사람들이 많다. 그래서 일은 축복이 아니라 저주라고 생각하는 사람이 많다. 그러나 일은 아담과 하와가 죄를 지은 결과로 주어진 것이 아니다. 이미 일은 죄짓기 이전에 사람을 창조하신 후 창세기 1장에서 사람에게 복으로 주신 것이다.

> **창세기 1장 28절** 하나님이 그들에게 복을 주시며 하나님이 그들에게 이르시되 생육하고 번성하여 땅에 충만하라 땅을 정복하라 바다의 물고기와 하늘의 새와 땅에 움직이는 모든 생물을 다스리라 하시니라

사람의 일은 하나님께서 하나님 자신의 일을 사람에게 위임해 주심으로 주어진 것이다. 그리고 사람이 하나님의 일을 하게 된 것이 사람에게 복이라고 말씀한다. 이 얼마나 놀라운 말씀인가! 일은 저주가 아니라 복이다. 일은 복으로 하나님께서 위임해 주신 것이다. 창조주 하나님만이 하실 수 있는 고유한 일을 사람에게 위임해 주신 것의 의미가 무엇인가? 이는 피조물인 사람이 하나님과 함께 일하는 존재가 되었다는 것이다. 하나님을 대리하는 지위와 권세를 가지고 이 세상에서 하나님의 창조와 다

스리는 일에 참여하게 된 것이다. 일은 사람이 만들어 낸 것이 아니다. 일은 하나님에게서 주어진 위임이며 놀라운 축복이다. 일은 오직 사람에게만 위임해 주신 축복이고 하나님을 대리하여 이 땅을 다스리는 권세로 주신 것이다. 일은 먹고 살기 위한 수단이나 방편으로 주신 것이 아니다.

> **창세기 1장 29절** 하나님이 이르시되 내가 온 지면의 씨 맺는 모든 채소와 씨 가진 열매 맺는 모든 나무를 너희에게 주노니 너희의 먹을거리가 되리라

> **창세기 2장 16절** 여호와 하나님이 그 사람에게 명하여 이르시되 동산 각종 나무의 열매는 네가 임의로 먹되

사람이 먹을 양식은 이미 하나님께서 준비하셨다. 동산에는 채소와 열매 맺는 나무로 가득했다. 그것은 하나님이 하실 일이었다. 일은 먹을거리를 생산하려는 노동이 아니라 이 세상과 피조물을 다스리고 지키고 돌보는 것이다. 일은 결코 먹고살려는 수단이거나 재물을 얻으려는 노동이 아니다. 하나님은 사람에게 먹고 살려면 일하라고 하신 것이 아니다. 노동하는 수고로서 주신 것이 아니다. 일은 하나님을 대리하여 이 세상을 다스리고 섬기는 창조적인 것이고 사람이 이 세상에 존재하는 방식이다. 이것은 하나님의 목적과 수단이 사람 안에서 하나로 통합된 것을 의미한다. 사람은 하나님의 목적이자 그 목적을 성취하는 현존하는 수단으로서

하나님의 일을 하는 것이다. 자끄 엘륄이 말했듯이 예수 그리스도의 성육신이 인간의 구원과 하나님나라의 성취를 위한 하나님의 수단임과 동시에 그리스도는 구원과 그 나라 자체인 것과 같다. 그러므로 하나님의 일과 사람의 일, 목적과 수단은 분리되지 않는다. 일은 하나님처럼 사랑으로 하는 것이며 기쁜 의지로 하는 것이다. 일은 하나님의 목적의 현존으로서 그리스도와 하나님나라를 나타내는 것이고, 하나님 안에 있는 사랑과 기쁨을 드러내는 것이다. 사람은 하나님이 위임하신 일을 통해 이 세상을 다스리고 섬기는 하나님의 창조 사역에 참여할 뿐 아니라, 그 일 안에서 하나님의 거룩한 목적인 아들됨의 영광의 충만한데까지 이르게 되는 것이다.

세 가지 측면의 삶과 축복

　일의 축복과 더불어 하나님은 사람이 이 세상에 사는 세 가지 방식의 삶과 축복을 주셨다. 이 삶의 방식은 세 분 하나님 안에 있는 영광과 사랑을 나타내 주신 것이다. 그래서 이것은 사람이 하나님의 사랑과 기쁜 뜻에 참여하는 축복이다. 세 가지 삶의 방식은 각각이면서 서로 하나로 연결되어 셋이 하나를 이루고 있다.

　첫 번째 축복이자 삶의 방식은 앞에서 말한 바와 같이 일을 위임해 주신 것이다. 아담은 에덴동산을 경작하며 지키고 다스리는 일을 했다. 그 일들 중에는 각종 동물들의 이름을 짓고 다스리는 지적인 일들도 포함되어 있다. 사람은 하나님께서 위임해 주신 일을 통해 이 세상에서 하나님을 대리하는 지위와 권세를 갖고 이 세상을 사랑으로 다스리며 하나님의 창조사역에 참여한다.

> **창세기 2장 15절** 여호와 하나님이 그 사람을 이끌어 에덴동산에 두어 그것을 경작하며 지키게 하시고

> **창세기 2장 19절** 여호와 하나님이 흙으로 각종 들짐승과 공중의 각종 새

를 지으시고 아담이 무엇이라 부르나 보시려고 그것들을 그에게로 이끌어 가시니 아담이 각 생물을 부르는 것이 곧 그 이름이 되었더라

두 번째 주신 축복과 삶의 방식은 안식을 주신 것이다. 안식의 축복은 먼저 주신 일과 연결되어 한 짝을 이루고 있다. 하나님께서 스스로 6일 동안 일하시고 일곱째 날에 안식하셨다. 일이 하나님께 속하였고 하나님에게서 나온 것처럼 안식 또한 하나님 안에 있다. 하나님의 생명과 사랑 안에만 참 안식이 있다. 하나님 안에서 일과 안식은 하나이며 분리되지 않는다. 일이 있기 때문에 안식이 있고 안식을 통해서 일은 성취된다. 일은 안식을 누리게 하고 안식은 일의 참된 복을 성취하는 것이다. 그렇기 때문에 일이 없으면 안식도 없고 안식이 없으면 일의 성취와 복도 없게 된다. 안식의 축복은 일과 함께 주신 하나님의 놀라운 축복이고 사람이 누리는 특권이다.

창세기 2장 2~3절 하나님이 그가 하시던 일을 일곱째 날에 마치시니 그가 하시던 모든 일을 그치고 일곱째 날에 안식하시니라 하나님이 그 일곱째 날을 복되게 하사 거룩하게 하셨으니 이는 하나님이 그 창조하시며 만드시던 모든 일을 마치시고 그 날에 안식하셨음이니라

그럼 세 번째 주신 축복과 삶의 방식은 무엇입니까? 그것은 결혼과 가정의 축복이다. 하나님께서 아담의 독처하는 것을 좋게 여기지 않으시고

돕는 배필인 여자를 만드시고 가정을 이루게 하셨다.

> **창세기 2장 24절** 이러므로 남자가 부모를 떠나 그의 아내와 합하여 둘이 한 몸을 이룰지로다

하나님은 사람에게 왜 가정이라는 삶의 방식을 주셨는가? 가정은 앞서 주신 일과 안식과 연결되어 있다. 일과 안식의 축복을 누릴 수 있는 공간과 관계와 공동체가 필요하다. 이것이 가정이다. 또한 사랑으로 생육하고 번성하는 하나님의 창조를 성취하는 곳이 가정이다. 일을 통해 안식을 누리게 되고 안식을 통해 일은 완성되지만, 이 둘은 가정을 통해 사랑 안에서 누리게 되고 온전하게 된다. 이것이 하나님께서 사람에게 주신 이 세상에서의 축복된 삶의 모습이다. 이 세 가지 측면의 삶의 모습은 세 분 하나님 안에서 이루어지는 온전한 일과 안식과 사랑의 그림자라 할 수 있다. 창세전부터 세 분 하나님은 영광 가운데 계시며 온전한 사랑과 교제를 나누셨다. 이 모형이 바로 가정이다. 부부와 부모와 자녀들의 관계로 이루어진 가정에는 하나님의 사랑과 기쁨과 안식이 깃들어 있다. 가정 안에서 일과 쉼과 교제와 사랑이 나눠지고 완성되는 것이다.

깨어진 일

    일은 안식과 가정과 함께 세워진 하나님의 축복이고 삶의 방식이다. 일은 결코 단순히 먹고사는 필요를 채우기 위한 노동이거나 공급만의 차원이 아니다. 일은 우리가 하나님의 창조사역에 참여하는 것이고 이 세상을 섬기고 다시리는 것이고 하나님의 놀라운 안식과 사랑을 누리는 차원에 있는 것이다. 일은 하나님을 대리하는 사람의 지위이고 권세이며 축복인 것이다. 이것이 하나님께서 사람에게 주신 일의 진정한 의미이고 자리이다. 그런데 이 일과 안식과 가정이 깨지게 된다. 우리가 잘 아는 바와 같이 죄가 이 세상에 들어오고 아담과 하와가 죄를 짓기에 이르게 된다. 그 죄의 결과로 땅은 저주를 받게 되고 일은 수고를 더하게 되며 하나님과의 화목과 안식은 깨지고 만다. 물론 아담과 하와의 관계와 가정의 신뢰도 깨지고 아담과 하와는 에덴동산에서 쫓겨나게 된다.

    창세기 3장 17~19절 아담에게 이르시되 네가 네 아내의 말을 듣고 내가 네게 먹지 말라 한 나무의 열매를 먹었은즉 땅은 너로 말미암아 저주를 받고 너는 네 평생에 수고하여야 그 소산을 먹으리라 땅이 네게 가시덤불과 엉겅퀴를 낼 것이라 네가 먹을 것은 밭의 채소인즉 네가 흙으로 돌아갈 때까지 얼굴에 땀을 흘려야 먹을 것을 먹으리니 네가 그것에서 취함을

입었음이라

　무엇이 먼저라고 할 것도 없이 일과 안식과 가정은 동시에 깨지고 만다. 죄로 말미암아 아담과 하와는 하나님의 부르시는 음성을 들었을 때 두려움과 부끄러움을 느꼈다. 이미 그들 안에서 하나님의 사랑과 안식이 깨진 것이다. 이어서 죄에 대해 서로 책임전가하면서 아담과 하와의 사랑과 가정은 금이 가고 틈이 생긴다. 그리고 땅이 저주를 받게 되고 그로 말미암아 일이 깨진다. 채소와 과일 맺는 나무로 무성해야 할 땅은 가시덤불과 엉겅퀴를 내고 옥토는 악화되었다. 수고롭게 일하고 땀을 흘려야 먹을 것을 얻게 되었고 결국 다스리고 섬기던 일은 점차 먹고 사는 것을 얻으려는 수단으로 전락되었다. 삶의 목적과 수단의 분리가 일어난 것이다. 하나님의 존귀하고 영광스런 목적의 현존으로서의 사람의 지위와 권세와 일이 수단화되고 깨지고 말았다. 일이 깨어지고 악화되자 이에 따라오는 안식은 더 악화되어 쉼이 없는 삶으로 이어졌고 가정에서의 온전한 관계와 사랑과 교제도 깨어지게 되었다. 이렇게 에덴에서 쫓겨난 아담과 하와는 이 세상에서 하나님을 대리하는 위임받은 지위와 권세를 상실하게 되고 점차 일에 종속되고 마는 것이다. 이것이 죄가 이 세상에 들어온 창세기 3장 이래로 오늘날에 이르기까지 우리가 목도하고 있는 인류역사의 깨어진 일과 쉼과 가정의 모습이다. 가정의 깨어진 모습은 사실 대부분 일과 쉼의 깨어짐에서 시작된다. 일이 단순히 경제수단이 되고 일에 매몰되어 왜곡되게 되면 참 안식과 쉼이 깨어지게 되고 그러면 가정의 본질적인 관계와 사랑을 잃어버리게 된다. 남편과 아버지가 경쟁에 내몰리면서 일의 종이 되어 살게 되면 점차 안식이 깨어지고 이어서 관계와 사랑이 깨어지면서 가정이 깨어지게 되는 것은 자명한 것이다.

수고하고 무거운 짐 진 자들아!

하나님께서 위임해 주신 일의 지위와 권세를 상실하고 이미 깨진 일과 쉼과 관계의 어둠 속에서 살아가고 있는 인류를 바라보시며 예수님께서 하신 말씀이 그 유명한 "수고하고 무거운 짐 진 자들아"라고 부르신 외침이다. 예수님께는 이 땅의 인류가 죄 아래서 깨어진 일의 수고하고 무거운 짐을 지고 있는 인생이며 참 안식이 없는 인생들이었던 것이다.

마태복음 11장 28절 수고하고 무거운 짐 진 자들아 다 내게로 오라 내가 너희를 쉬게 하리라

예수님께서 보신 그들의 근본적인 문제는 무엇인가? 참다운 쉼이 없는 삶이다. 끊임없는 수고와 무거운 짐에 짓눌려 쉼을 누리지 못하는 인생이었다. 그래서 예수님은 자기에게 오는 자들에게 쉼을 주시겠다고 말씀하신 것이다. 사랑도 주실 수 있고 재물을 주실 수도 있고 능력을 주실 수도 있으실 텐데 예수님은 그 많은 것들 중에서 쉼을 주시겠다고 말씀하신 것이다. 이것은 무엇을 의미하는가? 예수님은 그저 인생의 문제들을 해결해 주시겠다는 말씀을 하시는 것이 아니라 창세기 2장에서 주셨던 안식을 회복하여 주시겠다고 말씀하고 계시는 것이다. 안식뿐이겠는가! 쉼

과 함께 하나로 연결되어 있는 일과 가정을 회복하시겠다는 말씀이다. 예수님은 자신이 죄와 저주와 그 아래 묶여있는 수고하고 무거운 모든 멍에와 짐을 짊어지시고 대신 쉽고 가벼운 짐으로 바꿔 주신다. 예수님은 온유하고 겸손한 마음으로 이 땅에 오셔서 십자가를 짊어지시고 죄와 저주를 모두 속량하시고 참다운 일과 쉼과 가정의 회복을 성취하신 것이다.

마태복음 12장 8절 인자는 안식일의 주인이니라 하시니라

요한복음 14장 27절 평안을 너희에게 끼치노니 곧 나의 평안을 너희에게 주노라 내가 너희에게 주는 것은 세상이 주는 것과 같지 아니하니라 너희는 마음에 근심하지도 말고 두려워하지도 말라

일의 회복

오늘날 교회와 그리스도인은 많은 영역에서 성령과 말씀의 계시로 풍성한 은혜를 누리고 있지만 일의 영역에서의 계시와 회복은 아직 많이 부족하다. 자본주의 체제 아래서 너무나 익숙해진 나머지 가장 왜곡되고 회복되지 않는 영역이 경제와 일과 재물의 영역이 아닌가 생각된다. 일과 재물에 대하여 이 세상의 사상과 주인으로 섬기는 맘몬의 영에 그만큼 뿌리 깊게 매이고 붙잡혀 있기 때문일 것이다. 여전히 일을 이 세상을 섬기고 다스리는 하나님이 위임하신 축복과 특권으로 보지 않고 죄의 결과로 내려진 저주의 산물이라든지 먹고 사는 데 필요한 재물을 얻으려는 경제적 수단으로만 생각하는 틀에서 벗어나지 못하고 있다. 그래서 자본주의의 방식대로 끊임 없이 경쟁하고 성공을 추구한다. 경쟁에서의 승리와 성공이 하나님의 축복으로 여겨진다. 경쟁과 성공을 하나님의 축복에 묶어서 한 묶음으로 여긴다. 그러나 우리는 예수 그리스도 안에서 처음부터 하나님의 선한 일을 위하여 지으심 받은 자들이다.

에베소서 2장 10절 우리는 그가 만드신 바라 그리스도 예수 안에서 선한 일을 위하여 지으심을 받은 자니 이 일은 하나님이 전에 예비하사 우리로 그 가운데서 행하게 하려 하심이니라 예수님은 오셔서 우리에게 주신 이 지위와 권세를 회복하셨다. 그러므로 우리는 이 세상이 만들어 놓은 경쟁에 매몰되어 일의 종노릇하면 안 된다. 일은 다시 회복되어야 한다. 일이 주인노릇 하거나 재물의 공급자로 군림하게 허용해서는 안 된다. 세상을 섬기고 다스리는 본래의 지위로 회복되고 참다운 쉼을 누리는 일이 되도록 해야 한다. 일은 어떻게 회복되어야 하는가? 성경은 천국을 비유한 포도원의 품꾼 이야기를 통해 일의 회복과 일의 본질에 대하여 말해 주고 있다.

마태복음 20장 1~16절 천국은 마치 품꾼을 얻어 포도원에 들여보내려고 이른 아침에 나간 집주인과 같으니 … 저물매 포도원 주인이 청지기에게 이르되 품꾼들을 불러 나중 온 자로부터 시작하여 먼저 온 자까지 삯을 주라 하니 제십일시에 온 자들이 와서 한 데나리온씩을 받거늘 먼저 온 자들이 와서 더 받을 줄 알았더니 그들도 한 데나리온씩 받은지라 받은 후 집주인을 원망하여 이르되 나중 온 이 사람들은 한 시간 밖에 일하지 아니하였거늘 그들을 종일 수고하며 더위를 견딘 우리와 같게 하였나이다 주인이 그 중의 한 사람에게 대답하여 이르되 친구여 내가 네게 잘못한 것이 없노라 네가 나와 한 데나리온의 약속을 하지 아니하였느냐 네 것이나 가지고 가라 나중 온 이 사람에게 너와 같이 주는 것이 내 뜻이니라 내 것을 가지고 내 뜻대로 할 것이 아니냐 내가 선하므로 네가 악하게 보느냐 이와 같이 나중된 자로서 먼저 되고 먼저 된 자로서 나중되리라.

이 비유는 천국의 어떠함에 대한 비유이지만 일에 대해서도 지혜와 통찰력을 준다. 일에 대해서 어떻게 보고 인식하는지에 대한 세상의 관점과 하나님나라의 모습이 대조적으로 그려지고 있다. 이 세상은 일을 어떻게 보고 있는가? 품꾼들의 태도와 말에 잘 드러나 있다. 이를 단순화하여 몇 가지로 정리해 보면 먼저 세상은 일을 시간의 양으로 생각한다. 얼마만큼 일했느냐 하는 시간의 길이가 일인 것이다. 임금은 당연히 시간의 양에 따라 그 대가로 환산된다. 임금은 일의 대가로 받는 재화인 것이다. 일을 시간의 양으로 본다는 것은 공평성이라는 잣대로 다른 사람과 일의 양을 비교하게 되고 경쟁하게 된다. 그래서 이렇게 말하는 것과 같다. 사장은 직원이 일한만큼만 임금을 주겠다고 말하고 직원은 받는 만큼만 일하겠다고 말한다. 결국은 직원은 자기가 받는 임금이 일한 것에 비해서 그리고 다른 사람과 비교하여 늘 적게 받는 것처럼 느끼게 되고 사장은 임금에 비해 직원들이 늘 적게 일한다고 생각게 된다. 일에 대한 영광과 명예와 기쁨과 감사보다는 불평과 불만과 원망이 생긴다. 일은 최종적으로 돈으로 환산될 뿐이다.

이와 비교하여 하나님나라의 일에 대한 관점은 어떠한가? 가장 중요한 본질은 일이 주인의 것이라는 것이다. 품꾼들은 일이 없어 놀고 있었다. 주인이 일을 맡긴 것이다. 일하는 사람이 주인이거나 일 자체가 주인이 아니다. 일은 주인이신 하나님께서 위임하신 것이고 하나님의 일이다. 또한 일의 가치는 시간으로 계산할 수 있는 것이 아니다. 일의 가치는 주인의 일에 참여하는 그 지위와 그 기쁨에 있다. 그렇기 때문에 일의 보상인 임금도 시간의 양에 따른 대가로 환산되어 주어지는 것이 아니라 주인의 호의로 주어진다. 주인이 "내 것을 가지고 내 뜻대로 할 것이 아니냐"고 말한 것처럼 일은 다른 사람과 비교하여 계산하거나 경쟁하는 법이 아니라 은혜의 법아래 있는 것이다. 아담으로 하여금 에덴동산을 경작하게 하신 그 경작히브리어 '아바드'이라는 말이 섬기고 예배하다는 뜻으로도 사용되는 것처럼 기도가 일이고 일이 기도라고 하는 말의 진정한 의미를 회복해야 한다.창2:15 그러므로 일을 통해 우월적 지위를 갖거나 보상이나 경쟁하는 도구로 삼아서는 안 된다. 일은 주인에게서 받은 은혜이고, 일의 보상도 주인의 호의를 따라서 받는 은혜다. 따라서 여기에는 돈으로 환산할 수 없는 감사와 기쁨과 명예와 영광이 있다. 예배가 일이고 일이 예배인 것과 같다. 이것이 하나님께서 우리에게 주신 일이고 우리가 이 세상에서 회복해야 할 일에 대한 관점이다.

일은 공급의 원천이 아니다

은혜아래 있는 일은 하나님의 유용한 공급의 통로이지만 공급의 원천이 아니다. 공급을 위한 유일한 통로도 아니다. 하나님의 공급의 통로는 헤아릴 수 없이 많으며 일은 그 여러 통로 중 하나일 뿐이다. 하나님은 일을 공급의 원천으로 먹고 살기 위한 도구로 주신 것이 아니다. 하나님은 일을 통해 공급을 하시지만 내가 일하기 때문에 공급하시거나 일한만큼만 공급하시는 것은 아니다. 하나님은 결코 우리가 하는 일의 한계에 제한 받지 않으신다. 이 말은 일하지 말라는 의미가 아니다. 일하기 싫으면 먹지도 말라고 했던 것처럼 자기 손으로 일하여 자기 양식을 먹는 것이 합당한 일이다. 살후3:10~12

그렇다고 이 말씀이 먹고 살기 위해 일을 하라는 뜻은 아니다. 일은 하나님으로부터 부여받은 명예이고 영광이고 지위고 책임이다. 그리스도인의 일은 항상 먹고 사는 것 이상의 의미와 권세를 갖고 있다. 그런데 게을러서 일하기 싫어하고 일하지 않는다면 스스로 하나님이 부여하신 이 세상을 사랑하고 섬기고 다스리는 사람의 지위와 영광을 저버리는 것이다. 이런 사람이 단지 먹고 살기 위해 일한다는 것이 무슨 의미가 있겠는가! 우리가 먹고 살고 존재하는 것의 명예와 지위와 영광은 하나님으로부터 위임받은 일을 하는 것이기 때문이다.

에베소서 4장 28절 도둑질하는 자는 다시 도둑질하지 말고 돌이켜 가난한 자에게 구제할 수 있도록 자기 손으로 수고하여 선한 일을 하라

이 말씀을 봐라! 일이 무엇인가에 대하여 얼마나 명확한 말씀인가! 일은 먹고 사는 것을 넘어서서 가난한 자를 구제할 목적으로 하는 것이다. 우리가 자기 손으로 수고하여 일하고 선한 일을 하는 것은 가난한 자를 섬기고 사랑하기 위해서이다. 도둑질하는 것처럼 일하면 안 된다. 도둑질이 무엇인가! 남의 것을 탐하고 빼앗는 것이 도둑질이다. 그러므로 구제하고 섬기기 위해서가 아니라 경쟁에서 이겨서 더 많이 소유하고 더 많이 쌓기 위해서 일하는 것도 도둑질이 아니겠는가! 공급의 원천이 하나님이 아니라 자신이 하고 있는 일이라고 생각하기 때문에 과도하게 경쟁하게 되고 그 일을 통해서 모든 것을 얻으려고 하는 것이다. 자신이 하는 일을 안정적으로 먹고 사는 원천으로써 의지하는 것이 아니라 그 일을 위임해 주신 하나님을 의뢰하며 살아야 한다. 우리는 일을 통해서 이 세상을 섬기고 다스리는 하나님의 일에 참여해야 한다. 곡식을 거둘 때에 밭 모퉁이까지 다 거두지 않고 떨어진 이삭을 줍지 않고 포도원의 열매를 다 따지 않는 그런 방식으로 일하는 것이다. 레19:9~10

자신이 하는 일을 통해서 먹고 사는 것이 아니라 공중의 새를 먹이시고

기르시는 하나님의 공급하심을 통해 일용할 양식을 먹고 마시고 산다는 것을 믿기 때문이다. 새는 심지도 않고 거두지도 않고 모으지도 않는다. 일하지 않는데도 하나님께서 공급하신다. 일은 원천적으로 공급의 도구가 아니다. 먹고 마시고 호흡하며 사는 모든 공급의 원천은 하나님 자신이며 하나님의 은혜로 말미암은 것이다. 일은 이 세상을 섬기고 다스리는 하나님의 창조사역에 참여하는 것이고 이것이 그리스도 안에서 일을 회복하고 우리의 지위와 권세를 회복하는 것이다.

> **마태복음 6장 26절** 공중의 새를 보라 심지도 않고 거두지도 않고 창고에 모아들이지도 아니하되 너희 하늘 아버지께서 기르시나니 너희는 이것들보다 귀하지 아니하냐

잘 다니던 직장을 그만 두어야 하는 경우가 종종 있다. 자신은 원치 않는데 회사의 사정으로 그만두어야 할 경우 직장을 잃는 두려움을 갖게 된다. 이 때 그리스도인은 두려워하거나 염려하거나 조급하게 생각하지 않는 것이 중요하다. 이런 두려움과 염려는 일과 돈이 주인 행세하는 이 세상이 주는 것들이다. 하나님께서 우리가 섬기고 다스리는 일터와 공급의 통로를 새롭게 바꾸시기를 원하시고 그렇게 일하시는 것을 믿어야 한다. 잠잠히 기다리지 못하고 조급하다가 많은 고통을 당하는 사람이 얼마나 많은가! 같은 맥락에서 지금 하고 있는 일이나 다니는 직장을 스스로 그만두고 바꾸는 것은 신중하고 지혜롭게 결정해야 한다. 어떤 합리적인 이

유와 선한 목적이 있다하더라도 그 이유와 목적을 명분으로 내세워 결정하는 것 보다는 우리를 그리스도의 장성한 분량에까지 자라도록 인도하시는 하나님께서 우리를 그 자리에 두신 뜻과 목적하심을 따라 결정해야 한다. 그 자리를 옮기시려 할 때는 하나님께서 먼저 움직이시고 일하실 것이다. 그 하나님의 뒤를 따라가면 된다. 공급의 원천은 일이 아니라 하나님이시기 때문이다.

그리스도께 하듯

일에 대한 생각과 지위를 회복한 우리는 어떤 태도로 일해야 하는가? 하나님의 일을 온전하게 회복하고 이 세상을 섬기고 다스리는 일의 목적을 성취하려면 일에 대한 생각과 지위뿐만 아니라 일하는 우리 자신의 정체성을 새롭게 인식해야 한다. 예수 그리스도 안에서 우리는 지식에까지 새롭게 된 새사람이 되었다. 이 말은 종교적이고 도덕적인 착한 사람이 되어야 한다는 의미가 아니다. 이미 우리는 그리스도 안에서 그리스도의 의로 세상의 빛이고 소금이다. 우리는 하나님의 나라와 의를 나타내는 하나님의 목적으로 일하는 사람이다. 이것이 자신의 자리가 종이든지 상사이든지 관계없이 그리스도에게 하듯 하는 것이며 그리스도처럼 사는 방식이다.

> **에베소서 6장 5~8절** 종들아 두려워하고 떨며 성실한 마음으로 육체의 상전에게 순종하기를 그리스도께 하듯 하라 눈가림만 하여 사람을 기쁘게 하는 자처럼 하지 말고 그리스도의 종들처럼 마음으로 하나님의 뜻을 행하고 기쁜 마음으로 섬기기를 주께 하듯 하고 사람들에게 하듯 하지 말라 이는 각 사람이 무슨 선을 행하든지 종이나 자유인이나 주께로부터 그대로 받을 줄을 앎이라

사도 바울은 종들에게 어떻게 일하라고 말하는가? 상전에게 그리스도께 하듯 하라고 말한다. 그리스도 안에서 회복된 일은 단순히 고용주와 피고용인의 관계이거나 임금의 대가를 주고받는 관계가 아니다. 이제는 일이 더는 주종관계와 경쟁과 대가를 위한 차원에 머물지 않는다. 그리스도인은 세상에서의 지위와 직분이 무엇이든 이미 그것을 뛰어넘은 사람들이다. 또한 열심히 일하고 잘 하는 것으로 충분하다고 생각하지 않는다. 그리스도를 섬기듯 기쁜 마음으로 대하고 그렇게 마음을 다해서 섬긴다. 마땅히 할 일을 했을 뿐이다. 명령받은 것을 다 행한 후에 "우리는 무익한 종이라 우리가 할 일을 하였을 뿐이라"고 말하는 종들과 같다.눅 17:10 이제 모든 일과 일하는 우리 자신이 은혜로 회복되었다. 그렇기 때문에 우리는 하나님을 대리하여 이 세상과 사람을 섬기고 나아가 일의 주인이신 하나님을 섬기는 영광과 기쁨으로 일하게 된다.

이러한 태도는 고용된 사람들에게만 해당되는 것이 아니다. 고용주나 높은 지위에 있는 사람들에게도 동일하게 적용된다. 지위의 높고 낮음에 관계없이 우리는 모두 일을 통해 하늘에 계신 하나님과 주 예수 그리스도를 섬기는 것이다.

골로새서 4장 1절 상전들아 의와 공평을 종들에게 베풀지니 너희에게도 하늘에 상전이 계심을 알지어다

에베소서 6장 9절 상전들아 너희도 그들에게 이와 같이 하고 위협을 그치라 이는 그들과 너희의 상전이 하늘에 계시고 그에게는 사람을 외모로 취하는 일이 없는 줄 너희가 앎이라

하나님은 외모로 사람을 취하지 않으신다. 어떤 일을 하느냐에 따라, 지위가 높고 낮음에 따라 그것이 신분이 되거나 차별이 되지 않는다. 모든 일은 하나님께 속한 것이고 우리는 맡은 일에 대하여 그 역할을 다 할 뿐이다. 역할이 다를 뿐이다. 다른 사람보다 조금이라도 더 높은 지위에서 아랫사람들을 다스리는 사람들은 늘 그들을 섬기는 자임을 잊지 않아야 한다. 하나님께서 그들을 돌보고 섬기라고 보낸 자들이기 때문이다. 우리는 어떤 일을 하든지 하나님에게서 부여받은 권세로서 맡은 지위와 역할에 감사하고 충성을 다할 뿐이다. 우리는 일을 통해 하나님의 뜻을 이루고 사람을 섬김으로 그리스도를 섬기는 것이다. 모든 상전의 자리는 섬기는 자리이다.

마태복음 23장 11절 너희 중에 큰 자는 너희를 섬기는 자가 되어야 하리라

부당한 고난

일을 하다보면 부당한 여러 상황에 직면하게 된다. 까다로운 상사와 부딪히기도 하고 부조리하거나 불공정하고 불공평한 상황에서 부당한 선택이나 일의 처리를 강요받는 경우도 있다. 자신의 직접적인 잘못이나 실수가 아닌 일에 대해서도 오해를 받거나 애매한 고통을 당할 때도 있다. 하나님의 일을 위임받은 자로서 그리스도 안에서 일과 안식을 회복한 그리스도인은 이렇게 부당한 일과 상황에 어떻게 대처해야 하는가?

베드로전서 2장 18~20절 사환들아 범사에 두려워함으로 주인들에게 순종하되 선하고 관용하는 자들에게만 아니라 또한 까다로운 자들에게도 그리하라 부당하게 고난을 받아도 하나님을 생각함으로 슬픔을 참으면 이는 하나님 앞에 아름다우니라 죄가 있어 매를 맞고 참으면 무슨 칭찬이 있으리요 그러나 선을 행함으로 고난을 받고 참으면 이는 하나님 앞에 아름다우니라

대답은 너무나 단순하다. 참아야 한다는 것이다. 상대방의 성품에 따라 자신의 태도가 달라져서는 안 된다. 선하고 관용의 성품을 가진 사람에게는 좋은 태도로 대하고 까다로운 사람에게는 따지듯 대하면 안 된다. 상

대방의 성품의 좋고 나쁨이 우리 자신의 태도의 정당성을 증명해 주는 것이 아니다. 우리 그리스도인은 어떠한 경우든 관계없이 스스로 자기 안에서 자라난 그리스도의 성품으로 대해야 한다. 마찬가지로 부당하게 당하는 고난이라 할지라도 우리는 그것의 옳고 그름을 따지고 대적하고 싸우는 것이 아니라 참고 견딤으로 이겨나가야 한다. 이것이 하나님 앞에 아름다운 태도라고 말씀한다. 그리스도인은 선을 행하고도 고난을 받는 사람들이다. 더 나아가 그런 고난을 당하고도 그리스도를 생각함으로 참고 견디는 사람들이다. 이것이 이 세상의 부당한 일과 부당한 고난을 이기는 그리스도인의 일하는 방식이다. 예수 그리스도가 본을 보여 그렇게 사셨기 때문에 그리스도 안에서 하나님의 자녀 된 지위를 회복한 그리스도인은 그 발자취를 따라 사는 것이 마땅한 것이다.

베드로전서 2장 21~24절 이를 위하여 너희가 부르심을 받았으니 그리스도도 너희를 위하여 고난을 받으사 너희에게 본을 끼쳐 그 자취를 따라오게 하려 하셨느니라 그는 죄를 범하지 아니하시고 그 입에 거짓도 없으시며 욕을 당하시되 맞대어 욕하지 아니하시고 고난을 당하시되 위협하지 아니하시고 오직 공의로 심판하시는 이에게 부탁하시며 친히 나무에 달려 그 몸으로 우리 죄를 담당하셨으니 이는 우리로 죄에 대하여 죽고 의에 대하여 살게 하려 하심이라

부당한 고난을 받으신 예수 그리스도가 어떻게 사시고 어떻게 이기셨

는지를 보라! 예수님은 어떤 죄나 잘못이 없었다. 그런데도 예수님은 고난을 당하셨다. 예수님은 멸시를 받고 간고를 많이 겪었으며 사람들에게 버림을 받았다. 사람들은 예수님이 징벌을 받아 고난 받는 것이라고 생각했다. 사53:3 예수님은 어떻게 대응하셨는가? 예수님의 고난 받는 태도는 그리스도인이 부당한 고난과 이 세상에서의 모든 싸움에서 이길 수 있는 방법과 방식을 보여주신 놀라운 본이다. 이 방식은 단계별로 이루어져 있으며 나는 이 방식을 그리스도인의 '싸움의 기술'이라고 이름 붙여 부르길 좋아 한다. 첫 번째 단계로 예수님은 그 입에 거짓이 없으셨다. 거짓이 없다는 말은 어떤 의미인가? 어떤 변명의 말도 어떤 변호의 말도 하지 않았다는 뜻이다. 우리는 얼마나 많이 옳고 그름과 부당함을 따지고 자기의 잘못 없음을 변명하는가! 심지어는 거짓말을 해서라도 자기의 입장을 더 유리한 상황으로 만들기도 한다. 그러나 예수님은 아무런 변명이나 반박도 하지 않고 어린양과 같이 잠잠하셨다. 상대방의 부당함과 자신의 정당함을 굳이 소리 높여 말하여 상황을 유리하게 만들려고 할 필요가 없다.

> **이사야 53장 7절** 그가 곤욕을 당하여 괴로울 때에도 그 입을 열지 아니하였음이여 마치 도수장으로 끌려가는 어린양과 털 깎는 자 앞에 잠잠한 양같이 그 입을 열지 아니하였도다

두 번째 단계로 예수님은 욕을 당하시되 맞대어 욕하지 아니하셨다. 우리는 상대방과 싸울 때 욕을 당하면 그와 대등한 수준의 욕으로 맞대응

한다. 주먹질을 당하면 주먹으로 맞대응 한다. 코피가 나게 맞으면 상대도 코피를 흘리도록 때려줘야 직성이 풀린다. 이는 이로 눈은 눈으로 보복한다. 싸움은 끝나지 않고 분노의 마음은 가라앉지 않는다. 이런 세상의 방식으로는 결코 이길 수 없다. 상대방이 모든 힘을 다 쓰고 진을 다 쏟을 때가지 아무런 맞대응도 하지 않는 것이 이기는 길이다. 모든 부당함과 모든 악이 제풀에 다 꺾이고 제 힘에 다 스스로 넘어지도록 가만 놔둬라. 악한 자를 맞대응하여 대적하기 보다는 오히려 오른편 뺨을 치면 왼편도 돌려대고 고발하여 속옷을 가지고자 하면 겉옷까지도 가지게 해야 한다. 그리스도의 성품은 성내지 아니하고 악한 것을 생각하지 아니하고 모든 것을 참고 모든 것을 견딘다. 고전13:4-7

> **마태복음 5장 38~40절** 또 눈은 눈으로, 이는 이로 갚으라 하였다는 것을 너희가 들었으나 나는 너희에게 이르노니 악한 자를 대적하지 말라 누구든지 네 오른편 뺨을 치거든 왼편도 돌려 대며 또 너를 고발하여 속옷을 가지고자 하는 자에게 겉옷까지도 가지게 하며

세 번째 단계로 예수님은 위협하지 아니하셨다. 예수님은 얼마나 큰 힘과 능력과 권세를 갖고 계시는가! 그러나 예수님은 자신이 가지신 힘으로 상대방을 위협하지 않으셨다. 위협하여 굴복시키지도 않으셨다. 우리는 싸울 때 자신이 가진 크고 작은 배경이나 지위나 부와 같은 힘을 이용하여 얼마나 많이 상대방을 위협하고 압박하고 두렵게 하여 굴복시키려 하

는가! 상대를 굴복시키고 이기려고 물리적 힘이나 심리적으로 압박하는 그 어떤 위협을 해서는 안 된다. 자신의 정당한 힘이 있다할지라도 그 힘으로 상대를 굴복시켜 이겨서는 안 된다.

네 번째 단계로 예수님은 오직 공의로 심판하시는 이에게 부탁하셨다. 운동장에서 뛰는 선수가 스스로 판단하거나 심판해서는 안 된다. 선수는 싸우는 당사자이기 때문이다. 호루라기는 심판이 불도록 맡겨라. 모든 부당한 고난뿐만 아니라 이 세상의 모든 싸움에는 공의로운 심판자가 계신다. 공의로우신 심판자이신 하나님께서 맡겨라! 그리함으로 직접 싸워 원수를 갚지 않고 숯불을 그 머리에 쌓아 놓는 것이 된다.롬12:20

> **로마서 12장 19절** 내 사랑하는 자들아 너희가 친히 원수를 갚지 말고 하나님의 진노하심에 맡기라 기록되었으되 원수 갚는 것이 내게 있으니 내가 갚으리라고 주께서 말씀하시니라

다섯 번째 단계로 예수님은 친히 나무에 달려 그 몸으로 우리 죄를 담당하셨다. 오히려 부당한 고난을 가하는 상대방의 죄와 잘못과 짐을 대신 짊어지신 것이다. 우리로선 감당하기 어려운 말씀이다. 그러나 우리는 그리스도의 장성한 분량에까지 나아가야 한다. 진정한 싸움의 기술은 싸워 이기는 것이 아니라 져서 이기는 것이다. 그냥 단순히 지는 정도가 아니라 상대의 짐까지 짊어지고 대신 담당하는 데까지 져주는 것이다. 싸움

의 결과는 공의로우신 심판자이신 하나님께 맡기고 예수 그리스도의 담당의 법을 성취해야 한다. 그러면 하나님은 예수 그리스도에게 모든 이름 위에 뛰어난 이름을 주시고 모든 무릎을 예수의 이름에 꿇게 하신 것처럼 결국은 영광의 승리를 주실 것이다. 빌2:9~11

먼저 말로 일하라

일을 하다보면 시간이 지날수록 일의 양이 줄어드는 것이 아니라 마치 눈덩이를 굴리는 것처럼 점점 많아지고 커지게 된다. 일은 유지되고 존속하고 커지려는 스스로의 관성의 법칙에 의해 더 많이 더 열심히 일하도록 요구한다. 점점 사람이 일을 하는 것이 아니라 일이 사람으로 하여금 일을 하지 않으면 안 되도록 만든다. 일이 주인이 되는 것이다. 결국 일에 치이며 살게 되고 일중독이 되기도 한다. 그럼 이렇게 덤벼드는 일들을 어떻게 다스리고 복종시킬 것인가? 우리는 어떻게 일하는 지위와 권세를 지킬 수 있는가? 이제 우리는 일하는 권세와 능력을 회복해야 한다. 이미 일은 그리스도의 은혜의 법아래서 회복되었고 우리의 지위도 믿음 안에서 회복되었다. 다만 일하는 권세와 능력을 회복하지 못하고 있다. 어떻게 일하는 권세와 능력을 행사할 수 있는가?

그것은 놀랍게도 말에 있다. 말로 일하는 것이다. 말이 권세와 능력이기 때문이다. 일의 권세를 회복하는 길은 말의 권세를 회복하는 것이다. 먼저 우리는 하나님처럼 말로 일할 줄 알아야 한다. 하나님은 말씀으로 천지를 창조하셨고 말씀으로 일하셨다. "있으라"는 말씀이 일하여 있도록 만들었다. 예수님은 큰 소리로 "나사로야 나오라"고 부르신 그 말씀으로 죽은 나사로를 살리셨다. 또한 광풍과 물결을 말씀으로 꾸짖어 잔잔하게 하셨다. 예수님은 "이 산더러 들리어 바다에 던져지라 하며 그 말하는 것이 이루어질 줄 믿고 의심하지 아니하면 그대로 되리라"는 놀라운 말씀을 하셨다.막11:23 말 한 그대로 이루어지는 것이다. 입술에서 나는 말이 일을 한다. 옛사람들은 말이 씨가 된다고 믿었다. 입에서 나간 말은 씨가 되어 열매로 자라게 된다. 그 결과 사람들은 자기가 말한 그 열매를 먹게 되는 것이다.

> **잠언 18장 20절** 사람은 입에서 나오는 열매로 말미암아 배부르게 되나니 곧 그의 입술에서 나는 것으로 만족하게 되느니라

그러므로 손으로 일하기 전에 먼저 말로 일하고 명령해야 한다. 이것이 일에 대한 권세다. 그러면 모든 상황과 일은 말을 듣게 되어 있다. 밀려드는 일들을 명하여 줄을 서고 질서를 지키도록 명령하라. 복잡하게 얽히고 설킨 일들이 실타래처럼 풀어져서 제자리에 서 있도록 명령하라. 길을 평탄케 하고 광야와 사막에 물이 흐르도록 말하라. 일이 제 맘대로 움직이지 못하게 하라. 일의 시간표에 자신을 내맡기면 일이 우리의 시간을 사용하게 된다.

일에게 굴복하거나 복종하지 마라. 일로 인하여 한숨짓고 불평하고 원망하고 두려워하면 이미 일에 굴복하여 진 것이다. 감사로 문을 열고 찬

송으로 궁정 안으로 들어가라. 감사는 모든 문을 여는 열쇠와 같다. 하나님은 우리의 말을 들으시고 들으신 대로 응답하신다. 민14:26~35

시편 100편 4절 감사함으로 그의 문에 들어가며 찬송함으로 그의 궁정에 들어가서 그에게 감사하며 그의 이름을 송축할지어다

부르심

우리가 하는 일이나 직업은 종종 비전Vision이나 소명Vocatio으로 연결된다. 어떤 일이나 직업에 대한 하나님의 부르심을 말하는 것이다. 그래서 당연히 우리가 하는 일이 '어떤 일What'이냐를 중요하게 생각한다. 그리고 그 일은 사명이 되곤 한다. 그러나 소명Vocatio이라고 하는 부르심은 '어떤 일What'보다는 '누가Who 불렀다'는, 즉 부르신 분이 있다는 것이 중요하다. 무슨 일을 하는 가, 직업이 무엇인가, 그 일을 통해 무엇을 성취하는가 하는 것들이 중요한 것이기는 하지만 더 중요한 것은 부르신 분이 있다는 것이다. 즉 하나님이 '나를 부르셨다'는 점이다. 사실 하나님은 '일'을 부르시는 것이 아니라 '나'를 부르시는 것이다. 하나님은 '나'와 분리하여 '나'를 도구로 삼아 일을 성취하시는 것이 아니라 '나'를 통해서 그 일을 하시고 성취하시는 것이다. 그러므로 우리는 일 그 자체를 목적으로 삼거나 일의 성공을 목적으로 삼는 것을 늘 경계해야 한다. 이때 내세우는 명분과 목적은 일이 성공함으로써 하나님께 영광을 돌리는 것이라고 말한다. 이 지점에서 일은 왜곡되고 주객이 전도되어 하나님께 위임받은 사람의 지위와 권세는 사라지고 우리는 일의 성공을 위하여 일하는 일의 종이 되어 간다. 일은 어느새 주인의 자리와 성공과 야망을 위한 자리를 차지하게 되고 이제는 우리는 없고 일의 성취만 남게 된다. 그러나 하나님의 목적은 일이 아니라 일하는 '나'와 '우리'가 목적이시다. 하나님은 그리스도 안에서, 사랑 안에서, 기쁘신 뜻 안에서 우리들의 아들됨을 목적하시고 계획하신 것이다. 모든 일은 바로 이 놀라운 하나님의 목적과 영광을 위하여 이루어지는 것이다.

우리는 하나님의 부르심을 큰 비전이나 사명으로 생각할 때가 많다. 소년시절에 요셉이 꿈 이야기를 통해 비전을 가져야 한다고 말하기도 한다. 그러나 요셉은 애굽의 총리가 되겠다는 비전이나 사명을 가져본 적이 결코 없었다. 이미 총리가 된 요셉을 보고 그가 총리가 될 수밖에 없는 이유를 찾아서 맞추어 보니까 그럴 듯한 이야기가 된 것 뿐이다. 오히려 요셉은 비전이나 꿈과는 상관없는 종살이로 팔리고 옥살이로 묶인 몸으로 살게 된다. 그는 총리가 되기를 꿈꾼 것이 아니라 하나님의 은혜를 입어 그저 자유의 몸이 되기만을 소원했다. 부르심 받은 사람의 삶으로서는 도저히 이해할 수 없는 모습이다. 요셉을 볼 때 부르심은 반드시 어떤 신분이나 일과 일치되는 모양으로 나타나는 것만은 아님을 알 수 있다. 한참이 지난 후에 총리가 되어서야 일치되는 모습으로 나타나게 되지만 그것도 총리라는 그 지위와 역할이 궁극적인 목적이 아니라 종이었을 때든지 죄수였을 때든지 총리가 되었을 때든지 변함없이 요셉이라는 사람을 부르신 하나님이 계셨고 그 분이 함께 하셨다는데 그 뜻이 있다. 요셉은 총리가 되고 나서 형제들을 만나고 나서야 하나님께서 자기를 먼저 부르셔서 애굽으로 인도하셨다는 것을 알았다. 부르심은 부르심 받은 사람이 어떤 일을 하고 어떤 지위를 갖는데 있는 것이 아니라 하나님이 함께 하시는 그 삶의 모든 여정 가운데 있는 것이다.

여기서 되짚고 싶은 것은 더 거룩한 부르심이나 더 거룩한 일이 있는가에 대한 물음이다. 예를 들어 풀타임으로 복음의 일을 하는 목사나 선교사의 일은 소위 세상일이라고 일컫는 다른 일보다 더 거룩하고 더 큰 부르심인가! 나는 더 거룩한 부르심은 없다고 생각한다. 다른 부름심과 구별되는 성직과 성직자는 없다. 하나님의 모든 부르심은 거룩하기 때문이다. 각 사람에게 위임된 일은 서로 비교될 수 없는 각각의 부르심이다. 비교하여 더 우위에 있는 부르심이 있는 것이 아니다. 역할이 다른 부르심일 뿐이다. 모든 부르심은 각각 부르심 받은 자와 하나님과의 관계에서만 세워지는 것이다. 모든 부르심은 하나님 안에서 더 높고 더 낮은 부르심이 있는 것이 아니며 각각 100의 부르심인 것이다. 그러므로 하나님의 종으로 일컬어지는 목사와 선교사와 같이 풀타임으로 일하는 사람들은 성도들과 다른 더 거룩한 부르심을 받았다거나 더 높은 지위로 부르심 받은 것처럼 말하거나 그런 태도를 보이지 않도록 주의해야 한다. 강단에서 내려오면 동등한 형제요 친구인 것이다. 물론 모든 성도들은 주의 말씀을 맡아 가르치는 주의 종들을 배나 존경하며 모든 좋은 것으로 함께 한다. 딤전5:17 그렇다고 하여 주의 종들이 스스로 그 권한과 권리를 주장할 일은 아니다. 주의 종이 종님이 되어서는 안 된다. 섬기는 자가 가장 큰 자이고 주의 종은 섬기는 자로 부르심 받은 자이기 때문이다.마20:25~27 주의 신령한 말씀을 맡아 충성을 다 하는 그 역할이 다를 뿐이지 결코 더 높거나 더 거룩한 지위로 부르심 받은 것이 아니다.

   부름심에 대한 또 다른 오해는 부르심 받을만한 어떠함 때문에 부르심을 받는다는 생각이다. 아브라함과 야곱과 요셉과 모세와 다윗을 부르신 것은 그들에게 부르실만한 남다른 무엇인가가 있었기 때문에 하나님께서 그들을 부르셔서 사용하셨다는 것이다. 그들에게는 믿음이나 헌신이나 비전과 같은 어떤 뛰어난 속성이나 자질이 있다고 생각한다. 그래서 부르심 받은 사람은 특별한 사람이 되는 것이다. 하나님께 인정받은 사람이기 때문이다. 다른 사람과는 구별되는 선민의식을 갖게 된다. 선지자와 선교사와 목사와 교사로 부르심을 받은 주의 종들이 자신이 특별한 부르심을 받았다고 생각하는 사람들이 많다. 그렇기 때문에 다른 성도들과는 차별되는 특별한 지위와 역할과 소명의식이 있다고 생각한다. 모든 사람이 자기의 부르심에 대하여 소명의식을 갖고 충성을 다 하는 것은 아주 훌륭한 일이지만 그렇다고 하여 다른 사람과는 다른 우월적인 특별한 부르심으로 생각하는 소명의식을 가져서는 안 된다. 모든 부르심에는 차별이 없다. 부르심 받은 사람이나 일 자체에는 그 어떤 특별한 것도 없다. 하나님은 특별한 사람을 부르신 것이 아니다. 특별함이 있다면 아무것도 아닌 사람과 그 어떤 탁월한 것도 없는 사람을 부르신 하나님의 그 부르심만이 특별하다. 굳이 내가 아니어도 되는 그 자리에 나를 부르신 것은 오직 하나님의 기쁘신 뜻으로 말미암은 것이기 때문이다. 아브라함과 야곱과 요셉과 모세와 다윗에게 무슨 특별한 것이 있는가! 그들의 어떠함이 특별해서 부른 것이 결코 아니다. 오직 하나님께서 그 기쁘신 뜻대로 부르셔서 오래 참으심으로 사랑하셨기 때문에 특별한 사람의 여정을 걷게 된 것이고 우리의 본이 되는 것뿐이다. 우리는 모두 그리스도 안에서 아브라함과 야곱과 요셉과 모세와 다윗처럼 부르심 받은 왕 같은 제사장들이다.

부르심 받은 모든 거룩한 하나님의 백성을 성도聖徒라 부른다. 이 세상이나 사람에게 거룩함을 뜻하는 성聖자를 붙일 수 있는 것은 그리스도의 거룩함으로 거룩하게 된 성도聖徒 밖에 없다. 성전聖殿, 성직聖職, 성직자聖職者, 성물聖物과 같은 말들은 성속을 억지로 구분하는 종교적인 표현들일뿐 결코 그 자체가 구별되어 거룩한 것이 될 수는 없다. 거룩한 일과 세상일이 따로 있는 것이 아니다. 이러한 부르심에 대하여 사도 바울은 아름다운 말씀을 남겼다.

사도 바울은 이에 대해서 아름다운 말씀을 남겼다.

데살로니가전서 4장 11~12절 또 너희에게 명한 것 같이 조용히 자기 일을 하고 너희 손으로 일하기를 힘쓰라 이는 외인에 대하여 단정히 행하고

또한 아무 궁핍함이 없게 하려 함이라

Make it your goal to live a quiet life, minding your own business and working with your hands, just as we instructed you before. Then people who are not Christians will respect the way you live, and you will not need to depend on others.NLT

우리가 어떻게 살아야 하는가에 대해 통찰력을 주는 말씀이다. 부르심이든지 소명이든지 비전이든지 꿈이든지 무엇이라고 말해도 좋다. 자신의 부름심의 삶의 목적을 조용한 삶quiet life에 두고 자신의 일에 전념하고 자기 손으로 일하라고 말한다. 부르심은 조용하고 일상적인 삶을 사는 데 있다. 특별하거나 위대한 것이 아니다. 평범하고 조용한 하루하루의 삶에서 하나님은 함께 하시고 목적하시는 일을 성취하신다. 일은 다만 일일 뿐이다. 부르심이나 비전을 자기 정체성으로 삼아 그것을 명분으로 하는 삶과 일에 매몰되어서는 안 된다. 야망과 비전을 이루려고 분주하고 허황된 마음으로 일을 크게 만들지 않아야 한다. 인생의 긴 여정을 통해서 하나님께서 주시는 작은 자기 일에 전념하고 자기 손으로 일하면서 하나님과 동행하는 조용한 삶을 사는 것이 하나님의 부르심을 성취하는 길이다. 조용한 삶quiet life 가운데 하나님의 부르심이 있고 함께 하심이 있다. 이것이 세상 사람들이 그리스도인을 존경하는 삶의 방식이고 세상과 다른 사람들과 일과 재물에 종속되지 않고 사는 길이다.

다섯. 왜 하나님은 심고 거두는 방식으로 공급하시는가

심는 자

성경은 하나님이 씨 뿌리는 자, 곧 심는 자라고 말씀한다. 하나님은 창조하실 때 온 지면에 씨 맺는 채소와 씨 가진 열매 맺는 나무를 만드셔서 그 씨로 다시 자라게 하셨다. 하나님은 말씀의 씨를 뿌리시고 겨자씨와 같은 천국을 심으셔서 자라게 하신다. 하나님나라 백성을 시냇가에 심으신 나무처럼 무성하게 자라게 하시고 시절을 따라 열매를 맺게 하신다. 하나님은 포도나무를 가꾸는 농부시기 때문이다.

요한복음 15장 1절 나는 참포도나무요 내 아버지는 농부라

그런데 참으로 놀라운 것은 하나님만이 심는 자가 아니라 우리 또한 심는 자이고 농부라고 말씀하고 있다는 점이다. 성경은 우리가 이 세상에서 사는 삶이 마치 심고 거두는 농부와 같다고 말씀하신다. 한 달란트 받은 종이 오해한 것이 바로 자기 주인은 심지 않는 데서 거두는 자로 생각한 것이다. "당신은 굳은 사람이라 심지 않은 데서 거두고 헤치지 않은 데서 모으는 줄을 내가 알았으므로 두려워하여 나가서 당신의 달란트를 땅에 감추었나이다"라고 말한 것처럼 그는 심고 거두시는 하나님을 전혀 알지 못한 것이다. 사도 바울은 복음 전하는 자신을 심는 자로 아볼로를 물주

는 자로 하나님을 자라게 하시는 자로 말했다. 자신의 복음 전하는 일이 마치 농사짓는 것처럼 심고 물주는 것과 같으며 하나님은 자라게 하시고 거두시는 분이라고 말하는 것이다. 또한 제자 디모데에게는 이 세상에 사는 그리스도인들의 정체성을 병사, 운동선수, 농부로 말했다. 씨를 심고 가꾸고 거두는 농부로서의 정체성은 그리스도인의 중요한 삶의 한 모습인 것이다.

> 고린도전서 3장 6절 나는 심었고 아볼로는 물을 주었으되 오직 하나님께서 자라게 하셨느니라

> 디모데후서 2장 6절 수고하는 농부가 곡식을 먼저 받는 것이 마땅하니라

무엇을 심든지 그대로 거두는 것이 하나님의 법이다. '팥 심은 데 팥 나고 콩 심은 데 콩 난다'는 우리 속담과 같다. 이것은 심는 대로 거두는 하나님의 창조의 법이다. 심는 일은 인내의 시간이 필요하지만 낙심할 일이 아니다. 때가 되면 반드시 거두게 되기 때문이다. 눈물을 흘리며 씨를 뿌리는 자는 반드시 기쁨으로 거두게 되는 것이다. 이것이 하나님이 만드신 심고 거두는 법이다. 하나님은 심고 거두는 법을 따라 일하신다.

> 갈라디아서 6장 7~9절 스스로 속이지 말라 하나님은 업신여김을 받지 아니하시나니 사람이 무엇으로 심든지 그대로 거두리라 자기의 육체를 위

하여 심는 자는 육체로부터 썩어진 것을 거두고 성령을 위하여 심는 자는 성령으로부터 영생을 거두리라 우리가 선을 행하되 낙심하지 말찌니 피곤하지 아니하면 때가 이르매 거두리라

시편 126장 5~6절 눈물을 흘리며 씨를 뿌리는 자는 기쁨으로 거두리로다 울며 씨를 뿌리러 나가는 자는 정녕 기쁨으로 그 단을 가지고 돌아오리로다

심는 자는 거짓말을 할 수가 없다. 스스로 자신을 속일 수도 없고 하나님을 속일 수도 없다. 하나님은 심고 거두는 일에 결코 업신여김을 받지 않으신다. 여기 업신여긴다는 말은 헬라어로는 콧김처럼 가볍게 여긴다는 뜻이고 한자로는 만홀漫忽히 여긴다는 뜻이다. 만홀漫忽의 홀忽은 십만분의 일1/10만의 단위로 사용된다. 그만큼 심고 거두는 법을 가볍게 여기고 소홀히 여겨서는 안 된다는 뜻이다. 심고 거두는 법에 따라 일하시는 하나님은 결코 속지 않으신다. 마찬가지로 그리스도인은 심는 자로 부르심 받은 농부로서의 정체성을 갖고 사는 자이다.

씨와 먹을 양식

심는 자에게 필요한 것은 씨다. 심을 씨가 있어야 한다. 씨와 함께 먹을 양식도 있어야 한다. 농부가 곡식을 먼저 받는 것이 마땅한 것이다. 그래야 심기도 하고 심은 씨에서 열매를 수확할 때가지 먹을 수 있기 때문이다. 이스라엘 백성이 가나안 땅에 들어가 살 때에 율법에 따라 일곱째 해에 농사를 짓지 않고 땅을 쉬게 해야 했다. 그러면 여덟째 해에는 농사지을 씨도 없고 먹을 양식도 없게 된다. 하나님은 어떻게 하셨는가? 여섯째 해에는 한해에 3년 농사를 수확하도록 하셔서 미리 먹을 양식 뿐 아니라 심을 씨를 공급해 주셨다.

레위기 25장 20-22절 만일 너희가 말하기를 우리가 만일 일곱째 해에 심지도 못하고 소출을 거두지도 못하면 우리가 무엇을 먹으리요 하겠으나 내가 명령하여 여섯째 해에 내 복을 너희에게 주어 그 소출이 삼 년 동안 쓰기에 족하게 하리라 너희가 여덟째 해에는 파종하려니와 묵은 소출을 먹을 것이며 아홉째 해에 그 땅에 소출이 들어오기까지 너희는 묵은 것을 먹으리라

하나님은 심는 자에게 반드시 심을 씨와 먹을 양식을 주신다. 고린도후

서 8장과 9장은 연보에 대한 말씀으로 잘 알려진 말씀이다. 이 말씀은 헌금에 대해서 뿐 아니라 재물을 심고 거두는 하나님의 일하심에 대해서도 탁월한 통찰력을 주고 있다. 먼저 9장 10절을 보자. 심는 자the sower에게 씨seed와 빵bread을 공급하신다는 것을 너무나 확실하게 말하고 있다. 씨와 먹을 양식을 구분하여 주시는 것이다. 심는 자에게 이보다 더 중요한 약속이 있겠는가!

> **고린도후서 9장 10절** 심는 자에게 씨와 먹을 양식을 주시는 이가 너희 심을 것을 주사 풍성하게 하시고 너희 의의 열매를 더하게 하시리니
> Now may He who supplies seed to the sower, and bread for food, supply and multiply the seed you have sown and increase the fruits of your righteousness.NKJV

심는 자에게는 씨seed와 빵bread은 너무 중요한 것이다. 나의 선친은 농부셨는데 가을걷이가 끝나면 내년 봄에 심을 튼실한 종자는 먹을 양식과 구분하여 따로 다른 창고에 보관하셨던 것이 기억난다. 씨를 따로 보관하는 이유는 먹을 양식과 구분하여 서로 섞여서 먹어버리는 일이 없도록 하기 위해서이기도 하고 종자인 씨를 최적의 좋은 상태로 보관하기 위해서였다. 심을 씨가 부족하거나 없게 되는 것은 심는 씨와 먹을 양식을 구분하지 않고 섞어서 보관하기 때문이다. 한 바구니에 씨와 먹을 것을 섞어 넣으면 안 된다. 종자를 구분할 수 없게 되어 다 먹어버릴 위험이 있기

때문이다. 심지 않는 사람들은 항상 먹을 양식도 부족한데 심을 씨가 어디 있겠냐고 말한다. 하나님은 심는 자에게 씨와 먹을 양식을 구분하여 주시되 먹을 양식도 부족함이 없고 심을 씨도 부족하지 않게 주신다.

심겨진 씨

  이제 심는 자는 씨와 먹을 양식을 공급 받았다. 심는 자는 공급받은 그 씨와 양식을 어떻게 하는가? 심는 자는 당연히 빵은 먹고 씨는 땅에 심을 것이다. 먹을 양식까지 심을 필요는 없다. 씨만 심으면 된다. 심는 자는 씨를 땅에 뿌려서 심는다. 심는 자가 씨를 땅에 심으면 그 씨는 땅에 뿌려지고 흙으로 덮여져서 심겨진 씨the seed you have sown가 된다. 누가 씨를 심었는가? 바로 심는 자인 우리가 심었다. 그러면 하나님은 어떻게 하시는가? 하나님은 바로 우리가 심은 그 씨를 증식multiply 시키신다. 우리는 씨를 심고 하나님은 그 심겨진 씨를 자라게 하시고 열매를 맺게 하셔서 증식시키시는 것이다. 먹을 양식이나 심겨지지 않은 씨를 증식시키는 것이 아니다. 여기서 한 달란트 받은 종에게 하신 말씀을 다시 기억할 필요가 있다. 한 달란트 받은 종이 오해한 것처럼 하나님은 심지 않은 데서 거두시는 분이 아니시다.

마태복음 25장 26절 그 주인이 대답하여 가로되 악하고 게으른 종아 나는 심지 않은데서 거두고 헤치지 않은데서 모으는 줄로 네가 알았느냐

마가복음 4장 26~28절 또 가라사대 하나님의 나라는 사람이 씨를 땅에

뿌림과 같으니 저가 밤낮 자고 깨고 하는 중에 씨가 나서 자라되 그 어떻게 된 것을 알지 못하느니라 땅이 스스로 열매를 맺되 처음에는 싹이요 다음에는 이삭이요 그 다음에는 이삭에 충실한 곡식이라

심겨지지 않은 씨는 먹거나 썩거나 그저 낭비하게 되고 만다. 심겨지지 않은 씨는 자라날 수도 없고 열매를 맺을 수도 없고 증식할 수도 없다. 씨는 반드시 심겨져야만 자라고 열매를 맺을 수 있다. 하나님나라는 사람이 씨를 뿌림과 같다고 말씀하신다. 사람이 씨를 심고 하나님은 그 씨를 자라게 하시는 것 같이 하나님나라는 이 땅에 심겨졌고 하나님이 자라게 하심을 따라 점점 자라고 확장되어 나간다. 이것이 하나님나라의 방식이다. 씨를 심는 것은 사람의 일이지만 그것이 자라게 하고 거두는 것은 하나님의 일이다. 우리는 어떻게 자라고 거두시는지 알지 못한다. 은밀한 중에 보시는 하나님께서 심겨진 씨를 풍성하게 증식시켜 거두는 것이다. 땅에 심겨진 씨는 처음에는 싹이 나고 다음에는 이삭으로 자라고 그 다음에는 충실한 곡식으로 30배, 60배, 100배의 결실을 맺게 된다. 이것이 부요하신 예수님께서 가난하게 되셔서 교회와 하나님의 백성을 부요케 하시는 놀라운 방식이다.고전8:9 이 방식에 따라 심겨진 씨가 증식되어 얼마나 풍성한 결실을 맺게 되는지 약속의 말씀을 봐라!

고린도후서 9장 8절 하나님이 능히 모든 은혜를 너희에게 넘치게 하시나니 이는 너희로 모든 일에 항상 모든 것이 넉넉하여 모든 착한 일을 넘치

게 하게 하려 하심이라

And God is able to make all grace abound to you, so that in all things at all times, having all that you need, you will abound in every good work.NIV

심겨진 씨는 모든 은혜가 넘치도록 열매 맺는다. 모든 은혜all grace는 어떤 은혜를 말하는가? 모든 은혜는 모든 일all things에, 모든 시간all times에, 필요한 모든 것all that you need이 넉넉하게 넘치는 은혜다. 이 넉넉한 은혜로 말미암아 모든 착한 일every good work을 넘치도록 하게 된다. 부족함이 조금도 없다. 이 얼마나 풍성한 결실인가!

오늘날 많은 그리스도인들이 하나님의 더 많은 공급하심을 바라지만 씨를 심어 증식시키는 방식으로 공급하시는 방식에 대해서는 외면하고 있는 것 같다. 익숙한 자본주의적 방식과는 너무도 다르기 때문일 수도 있겠지만, 어쩌면 심고 거두는 방식의 놀라운 비밀과 능력을 잘 모를 뿐 아니라 경험하지 못했기 때문일 것이다. 그럴 수 있겠다 싶은 마음으로 믿기는 하겠지만, 실제로 심고 거두는 삶은 살지 않는다는 것이다. 오히려 자신의 능력의 한계에 묶여있는 일과 직업을 통한 더 많은 공급과 기도를 통한 기복적인 축복에 의존하고 있다. 그 결과 심겨진 씨를 증식시켜 풍성하게 거두고 의의 열매를 넘치게 하시겠다는 약속을 충분하게 누리지 못하고 있다. 사실 재물로 선을 행하는 것은 알지만 재물을 씨로 심는 것과 이것이 자라서 30배 60배 100배로 증식되는 방식으로 공급되는 것에 대해서는 잘 알지 못한다. 더군다나 하나님은 씨와 먹을 양식을 구분하여 주신다는데 한 바구니 속에 담긴 재물 중에서 얼마가 심을 씨이고 얼마가 먹을 양식인가에 대해서 구분하지 못한다. 많은 사람들이 그것을 어떻게 구분하고 정하는가에 대해서 생각해보거나 배울 기회가 없었기 때문이다.

정한대로

하나님이 심는 자에게 주시는 씨와 먹을 양식은 어떻게 구분할 수 있는가? 얼마가 심을 씨이고 얼마가 먹을 양식인가? 이에 대한 기준은 의외로 단순하고 간결하다. 그 기준은 각자 마음에 정한대로다. 어떻게 정하는지에 대한 특별한 기준이나 방법은 없다. 하나님은 각 개인에게 맡기셨다. 먹을 양식과 씨를 정하는 것은 아주 중요한 일이다. 씨를 심으려면 먼저 씨의 양이 얼마인지가 정해져야 하기 때문이다.

고린도후서 9장 7절 각각 그 마음에 정한 대로 할 것이요 인색함으로나 억지로 하지 말지니 하나님은 즐겨 내는 자를 사랑하시느니라

십일조처럼 그 기준이 정해져 있으면 오히려 쉽고 마음 편하게 생각할 수 있을 것이다. 그런데 하나님은 그렇게 하지 않으시고 씨와 양식의 구분과 그 양을 얼마로 할 것인가를 심는 자에게 맡기셨다. 씨와 양식을 구분하여 정한다는 것은 무엇을 정하는 것인가? 그것은 질質과 양量을 정하는 것이다. 양量을 얼마로 정할 것인가 하는 것도 중요하지만 양量을 정하는 마음, 즉 질質이 더욱 중요하다. 그래서 마음에 정할 때 인색한 마음이나 기꺼운 뜻이 아닌 억지로 하지 않도록 해야 한다. 먹는 것과 심는 것은

하나님과의 사랑의 관계에서 비롯된 것이기 때문이다. 각 사람의 자발적인 마음이 중요하다. 교회나 어떤 사람이 그 기준과 방법을 정하여 가르칠 수는 있으나 획일적으로 정하거나 마음에 압박이 가도록 하는 것은 좋은 방법이 아니다. 이렇게 교회가 정하게 되면 자칫 얼마를 심으면 된다는 양에 치우칠 가능성이 있고 그만큼만 하면 된다는 종교적 행위로 굳어질 수 있기 때문이다. 자기 마음에서 정해야 한다. 각자의 믿음의 분량대로 정하는 것이 가장 좋다. 하나님은 자기의 기쁜 의지로 기꺼이 하는 사람을 사랑하신다. 하나님은 마음을 보시기 때문이다.

그러면 양을 정하는 좋은 방법은 있는가? 씨와 양식의 양을 정하는 가장 좋은 '정한대로'의 방법은 없다는 것이 옳은 말이다. 자기만의 '정한대로'의 방식을 정할 수 있다면 그것으로 족하다. 그럼에도 여기서 '정한대로'의 두 가지 방식을 소개하려고 한다. 정하는 방식의 하나는 이미 교회와 그리스도인들이 전통적으로 행하고 있는 방식으로서 '씨를 떼는 방식'이라고 이름 붙였다. 다른 하나는 내가 새롭게 제안하는 방식으로 '양식을 정하는 방식'이라고 부르기로 한다. 굳이 정한대로의 방식을 소개하는 것은 모범답안을 제시하려는 것이 아니다. '씨를 떼는 방식'과 '양식을 정하는 방식'에 대해 생각해 봄으로써 각자가 정한대로의 방식의 의미와 중요성을 되새겨보았으면 한다. 하나의 사례로 참고해서 더 좋은 자기만의 '정한대로'의 방식을 찾는 기회가 되었으면 하는 바람에서다.

씨를 떼는 방식

먼저 오늘날 교회와 그리스도인들이 크게 의식하지 않은 채 자연스럽게 행하고 있는 '씨를 떼는 방식'은 씨와 먹을 양식이 담긴 한 바구니에서 씨를 떼어내는 방식이다. 심을 씨의 총량을 먼저 정률 또는 정액으로 정한 다음 일 회 또는 수차례로 나눠서 전체 수입의 바구니에서 떼어 내는 방식이다. 총량을 정하지 않고 그 때 그 때 필요에 따라서 조금씩 정하여 떼내는 경우도 있다. 심을 씨를 모두 합쳐서 한꺼번에 떼어내든지 심을 때마다 조금씩 여러 번에 걸쳐 떼어내든지 이 방식은 심을 씨의 양이 먼저 정률이나 정액으로 또는 필요에 따라 정해지며 그것을 떼어내고 남는 것이 먹을 양식이 되는 것이 중요한 특징이다. 수입 중에서 헌금을 하거나 선한 일을 위해 심을 씨를 정한만큼 떼어 낸 다음에 나머지로 먹고 생활하게 되는 것이다. 대부분의 교회와 성도들이 이렇게 하고 있을 것이다. 십일조를 비롯하여 여러 종류의 헌금과 구제를 위한 씨를 하나의 전체 바구니에서 떼내어 하고 있지 않은가!

이와 같이 떼는 방식으로 심는 씨를 정하는 전통적인 방식도 좋은 방식이다. 신앙의 연륜에 따라 어느 정도의 헌금이나 구제를 해야 한다는 불문율 같은 양의 기준선이 정해지면서 헌신을 유인하는 효과가 있는 것이 사실이다. 예를 들면 집사가 되려면 십일조 정도는 기본적으로 해야 한다는 생각 같은 것이다. 이미 경험하여 알고 있는 바와 같이 이 방식은 떼어낸 씨를 대부분 헌금으로 생각하여 하나님께 드림으로써 헌신과 축복의 의미가 강한 반면에 재물의 씨를 심는다는 관점은 다소 부족한 것이 사실이다. 여기서 씨를 먼저 정하여 떼는 방식이 갖고 있는 몇 가지 부족한 점을 생각해 볼 필요가 있다. 첫째는 앞에서 말한 대로 떼내는 방식은 재물의 씨를 심는다는 의미보다는 하나님께 드리는 믿음과 헌신의 기준이 되고 더 나아가 그 때문에 하나님께 재물의 축복을 기대하는 근거가 된다. 결국 자신의 믿음과 헌신을 증명하는 것을 통해 축복을 기대하는 축복의 구조에서 벗어나기 힘들다. 둘째는 그 때문에 결국 얼마까지가 심는 씨의 양인가를 정하는 것은 여전히 명확하지 않다. 셋째는 떼고 남은 것이 먹을 양식인 셈인데 먹을 양식의 양이 아주 많을 경우 얼마까지가 적당한 양인가의 한계에 대한 관점이 없다. 떼는 방식에서는 필연적으로 공급수입이 증가하게 되면 심는 씨의 양도 증가하지만 상대적으로 떼고 남은 먹을 양식의 양이 훨씬 크게 증가하게 된다. 먹을 양식에 대해서는 사실상 '정한대로'가 아니라 '내 맘대로'가 되고 만다. 넷째로 성도들 간의 먹을 양식의 격차가 점점 커지면서 교회 공동체를 균등케 하시려는 그리스도의 희년의 선포가 점점 희박해 진다. 수입이 큰 부자 성도는 결국 먹을 양식의 양이 정해지지 않았기 때문에 먹을 양식이 한없이 불어나게 된다. 이 경우 떼어낸 심을 씨도 충분히 많은 양을 하나님께 드렸기 때문에 남은 양식에 대해서는 '내 맘대로'로 쓸 수 있다는 보증이 되어 자기 소유의식이 강하게 들게 된다. 씨를 떼고 남은 먹을 양식은 더 많은 소유와 탐욕의 위험에 노출되게 되는 것이다. 다섯째로 떼내는 방식은 먹을 양식에 대한 총량이 정해지지 않기 때문에 낭비할 가능성이 높으며 결국 지출이 수입을 초과하여 재물이 부족하거나 고갈되어 밑 빠진 독이 될 가능성이 높다. 여섯째 결국 떼내는 방식은 떼 내고 남은 먹을 양식에 대한 정함이 없으므로 하나님이 맡겨주신 씨와 양식 전체의 재물을 관리하고 사용하는 청지기의 충성된 역할에는 한계가 있다. 이런 이유로 심는 씨와 먹을 양식 둘 다 기쁜 의지 가운데 명확하게 구분되어 각각 그 양이 정해지고 충성심과 신실함으로 관리될 수 있는 방식을 생각해 볼 필요가 있다.

먹을 양식을 정하는 방식

 심는 씨의 양을 정하는 것에 앞서 먹을 양식을 먼저 정하는 방식이다. 심는 씨를 먼저 정해야지 어떻게 먹을 것을 먼저 정할 수 있는가 하고 언뜻 순서에 의문이 갈 수 있다. 심는 씨를 먼저 정하는 것이 더 믿음 있고 헌신적일 것 같이 생각되기 때문이다. 무엇을 먼저 정하느냐가 믿음의 본질은 아니다. 먹을 양식을 먼저 정해야 하는 합당한 이유를 말하는 것이다. 하나님은 우리에게 일용할 양식을 주시는 분이다. 공중의 새를 먹이시고 기르시듯 들의 백합화를 입히시듯 하나님은 우리가 먹고 마시고 입고 자는 데 필요한 의식주를 공급하시는 분이다. 사실 이러한 공급은 사람의 심고 거두고 모으는 일과는 관계없이 하나님께서 오직 하늘 아버지 되심으로 하시는 하나님의 일이다. 마치 에덴동산에서 아담에게 각종 열매와 채소를 먹을거리로 주신 것과 같다. 우리가 먹고 살 양식이 얼마나 필요한지를 정하면 하나님은 그 필요를 공급하신다. 이것이 일용할 양식이고 필요의 공급이다. 그래서 먼저 먹을 양식의 양을 계산해서 정하는 것이 좋다. 그래야 하나님의 공급하심의 양이 얼마나 필요한지 알 수 있게 된다.

 마태복음 6장 31~32절 그러므로 염려하여 이르기를 무엇을 먹을까 무엇을 마실까 무엇을 입을까 하지 말라 이는 다 이방인들이 구하는 것이라 너희 하늘 아버지께서 이 모든 것이 너희에게 있어야 할 줄을 아시느니라

마태복음 7장 9~11절 너희 중에 누가 아들이 떡을 달라 하는데 돌을 주며 생선을 달라 하는데 뱀을 줄 사람이 있겠느냐 너희가 악한 자라도 좋은 것으로 자식에게 줄줄 알거든 하물며 하늘에 계신 너희 아버지께서 구하는 자에게 좋은 것으로 주시지 않겠느냐

만약 먹을 양식을 계산해서 정하지 않으면 어떤 일이 벌어지는가? 도대체 하나님은 얼마를 공급하면 되는가를 알 수 없다. 아마 끝없는 공급이 필요할 것이다. 먹을 양식의 양이 정해지지 않으면 우리 마음의 욕심의 한계가 정해지지 않는 것과 같다. 먹을 양식의 양이 계산되지 않은 바구니를 생각해 봐라. 필요가 발생하는 순서에 따라 그 때 그 때 바구니에서 꺼내 쓴다. 시급한 순서대로 지출한다. 헌금이나 구제도 같은 바구니에서 얼마를 떼어서 한다. 미리 계산하여 정해 놓지 않으면 곶감 빼먹듯이 필요할 때마다 빼먹게 된다. 이런 방식은 늘 부족하게 될 가능성이 높다. 밑 빠진 독과 같다. 공급은 지출을 따라 잡을 수가 없게 된다. 공급하시는 하나님도 감당할 수 없다.

그럼 먹을 양식을 먼저 정하면 심는 씨는 어떻게 정한다는 말인가? 심는 씨는 정하는 것이 아니라 정해진다고 말하는 것이 더 맞는 말일지도

모른다. 우리가 먹을 양식을 정하면 하나님은 이에 대해 필요의 공급을 하신다. 그리고 먹을 양식에 대하여 맡은 자로서 충성을 다하면 하나님은 더욱 놀라운 공급을 하시게 되는데 그것이 필요의 공급을 초과하는 잉여의 공급이다. 미리 계산하여 정해 놓은 먹을 양식의 양을 초과하는 공급이 잉여의 공급인 것이다. 먹을 양식을 미리 정하지 않으면 이 넘치는 잉여의 공급은 전혀 알 수 없게 된다. 하나님은 일용할 양식에서 떼어서 씨를 심으라고 하시지 않는다. 심는 자에게는 먹을 양식과 심을 씨를 구분하여 따로 공급해 주신다. 이 잉여의 공급이 심을 씨가 되는 것이다. 하나님은 우리의 먹을 것과 필요를 아신다. 얼마나 좋으신 하나님이신가!

원 닫기와 먹을 양식의 계산

그럼 먹을 양은 어떻게 계산하는가? 먹을 양식으로 얼마를 정하면 되는가? 먹을 양식을 계산하는 방법은 크래그 힐과 얼 피츠의 공저인 「그리스도인의 재정원칙」예수전도단 역간, 2013에 나오는 "원 닫기"의 작성방법을 참고하였다. 원 닫기는 밑 빠진 독이 되지 않도록 지출계획을 작성하는 것을 말한다. 원 닫기는 마치 원을 연결하여 닫는 것처럼 지출계획 작성을 통해 무계획적인 지출로 인한 낭비를 막고 규모 있게 관리할 수 있도록 하는데 목적이 있다. 이와 같은 원 닫기 지출계획의 작성 과정을 먹을 양식을 계산해 내는 방법으로 활용하였다. 지난 5년 동안 이렇게 적용하고 실천하는 과정을 통해 원 닫기 지출계획은 먹을 양식을 계산해 내는데 매우 유용하고 유익한 방법이라는 것을 알게 되었다. 먹을 양식을 계산하기 위한 지출계획의 작성 방법과 순서는 다음과 같다.【지출계획서 양식 예시 참조】

01. 지출계획은 월 단위로 작성하는 것이 좋다. 모든 공급수입과 지출은 주로 월 단위로 이루어지기 때문이다.

02. 현재의 공급수입과 관계없이 오직 필요한 지출만을 고려하여 작성해

【0000년 00월 지출계획서 작성 예시】

대항목	중항목	세항목	지출계획	지출계	1	2	3	4	~	~	29	30	31
십일조	십일조	십일조											
책임	부채	000											
		000											
		소계											
	공과금	000											
		000											
		소계											
	○○○	000											
		000											
		소계											
	책임 계												
필요	생활비	식비											
		의류비											
		주거비											
		000											
		000											
		소계											
	교육비	교육비											
	통신비	통신비											
	교통비	교통비											
	000	000											
	000	000											
		000											
		소계											
	필요 계												
원함	저축	000											
		000											
		소계											
	000	000											
		000											
		소계											
	원함 계												
수지 계산	이번달	지출총계											
	이번달	공급총계											
	지난달	잉여(±)											
	이번달	잉여계											

야 한다. 이 부분이 매우 중요하다. 먹을 양식을 계산해 내는 지출계획은 수입에 대비하여 수입을 초과하지 않는 합리적인 지출계획을 작성하는 것이 아니다. 오직 먹을 양식인 지출이 얼마나 필요한지를 계획하는 것이다. 그러므로 모든 지출을 반영한 계획이어야 한다. 지출이 필요한 모든 항목을 포함시켜 작성해 한다. 왜냐하면 지금 우리가 하는 일은 먹을 양식이 얼마나 되는가를 정하는 것이기 때문이다. 공급수입은 우리가 할 일이 아니라 하나님의 몫임을 기억하라. 우리가 할 일은 필요한 양식의 양이 얼마인지를 알고 그것을 지출하는 일이다.

03. 지출계획서의 맨 왼쪽 편에 위에서 아래로 종으로 작성하는 지출항목은 십일조, 책임, 필요, 원함 등 네 개의 큰 항목으로 구분하는 것이 좋다. 물론 이것은 개인별로 다르게 정할 수 있다. 십일조, 책임, 필요, 원함은 중요하다고 생각하는 순으로 나열한 것이다.

04. '십일조 항목'은 앞서 이미 말한 대로 공급자이신 하나님과 맡은 자인 자신과의 관계와 지위에 대한 고백이고 선포이기 때문에 심는 씨가 아니다. 십일조는 먹을 양식도 아니지만 심는 씨도 아니다. 먹을 양식과 심을 씨를 공급하시는 천지의 주인이신 하나님을 맡은 자인 청지기로서 찬양하고 감사하고 선포하는 것이다. 그러니 먹을 양식을 계산하는 것에 덧붙여 지출항목으로 포함시키는 것이 타당하다고 보았다. 십일조는 책임과 필요와 원함을 모두 합하여 그 십분의 일tithes

을 맨 나중에 기록하면 된다. 물론 십일조는 매월 말 결산할 때는 그 달의 공급 총계의 십분의 일이 실제 금액이 된다. 다른 헌금offering은 십일조와 달리 심는 씨로 분류하여 여기에 포함시키지 않는 것으로 했다.

05. '책임 항목'에는 빚, 세금, 공과금, 보험과 같이 법적, 행정적 또는 계약에 의해 책임져야 할 지출항목을 말한다. 책임항목에서 가장 중요한 것은 빚이다. 빚을 갚는 것은 최우선의 지출로 계산되어야 한다. 공과금은 대부분 생활비에 해당하지만, 공공의 책임을 강조하여 여기에 포함시켰다.

06. '필요 항목'에는 의식주를 비롯한 일상적으로 지출되는 모든 생활비를 말한다. 의식주 비용, 교통비, 통신비, 교육비, 상조비, 회비 등 대부분의 생활비용이 포함된다.

07. '원함의 항목'에는 일상적인 지출보다는 중장기적인 필요를 계획에 의해 지출하는 비용을 말한다. 집이나 차량같이 목돈이 필요한 것이나, 여행이나 자녀장래 등 특별한 계획과 목적을 위한 저축이나 또는 투자를 위해서 지출하는 비용이다.

08. 이와 같이 왼쪽 편에 종으로 항목별 지출계획을 작성하면 지출항목

맨 하단에 모든 지출금액을 합한 지출합계가 계산된다. 이것이 1개월 동안 먹을 양식으로 계산된 정해진 양이 된다. 이렇게 계산되어 정해진 한 달간의 지출금액이 아주 중요하다. 이 정해진 지출금액이 우리의 먹을 양식의 양이 되고 우리가 하나님께 일용할 양식으로 공급해 주시도록 요청 드리는 구체적인 필요이고 청구서가 되기 때문이다. 이제 우리는 얼마의 양이 필요하고 하나님은 얼마를 공급하실 것인가를 서로 알게 되었고 정한 마음을 갖게 되었다. 이것이 청지기가 맡은 재물에 대해서 충성하는 첫걸음이다.

09. 다음으로 지출계획서의 맨 상단에서 횡으로는 왼쪽에서 오른쪽으로 1일부터 31일까지 한 달간의 일자를 기입한다. 이렇게 지출계획서의 작성이 종으로 횡으로 완성되면 왼편의 지출항목에 대해 대응하는 일자가 매트릭스로 씨줄과 날줄처럼 만나게 된다. 매일 매일의 지출금액을 기록하는 칸이 되는 곳이다. 지출 세부항목별로 정해진 지출금액에 대하여 지출할 때마다 해당하는 일자에 지출금액을 기록해 나간다. 매일 매일 누락됨이 없이 기록하는 것이 중요하다. 아주 귀찮고 사소한 일일 수 있다. 이렇게 적은 돈까지 기록하고 관리해야 하나 하는 생각이 들 것이다. 그러나 명심하라! 작은 일에 충성해야 큰일에도 충성할 수 있다. "착하고 충성된 종아 네가 적은 일에 충성하였으매 내가 많은 것으로 네게 맡기리니 네 주인의 즐거움에 참여할지어다"라고 하신 말씀을 기억하라! 더 많은 재물을 맡아 더 큰일을 하면서

하나님께서 베푸시는 잔치의 즐거움을 누리고 싶다면 오늘은 이 작은 일에 충성해야 한다.

10. 한 달 동안 기록된 시트는 매월 말일에 지출항목별 지출금액을 산출하고 이를 전부 합산하여 총지출금액을 산출한다. 실제로 지출된 금액을 지출계획과 비교한다. 그러면 총지출 및 각 지출항목별로 마이너스-, 제로0, 플러스+ 이렇게 세 가지 경우가 나오게 된다. 이 결과는 항목별 지출규모를 알 수 있을 뿐만 아니라 자신의 지출습관 및 낭비된 지출에 대해서도 파악할 수 있게 해 준다. 가장 중요한 것은 다음 달의 지출계획서를 작성할 때 세부 항목별 지출금액을 조정하는데 유용한 자료로 사용하는 것이다.

11. 지출계획 대비 실제지출금액의 비교도 중요하지만 더 중요한 것은 그 달의 공급수입 대비 총지출을 비교하는 것이다. 지출계획서의 맨 하단에 그 달의 총공급수입액을 기록하고 총지출금액과 비교하고 그 결과가 마이너스-인지 제로0인지 플러스+인지를 확인한다. 각각의 결과에 따라 다음 달의 지출계획을 어떻게 작성하고 관리해 나갈 것인가를 계획하는데 중요한 데이터가 된다. 충성된 청지기의 신실함과 지혜가 필요한 단계다.

12. 결산 결과를 보면 통상 많은 사람이 마이너스-가 될 가능성이 높

다. 마이너스의 가장 큰 이유는 필요하다고 계획한 먹을 양식지출 보다 공급이 적기 때문이다. 또한, 지금까지 관리되지 않은 지출의 습관 때문일 수도 있다. 그러면 공급보다 지출이 더 많은 마이너스 결과에 대해서 어떻게 받아들이는 것이 좋을까? 우선 한 달의 결과만으로는 정확하게 분별하는데 부족할 수 있기 때문에 3개월 동안 거의 동일한 수준의 지출계획서를 작성하여 실험하고 분석해 보는 것이 필요하다. 3개월의 누적된 결과도 동일하게 마이너스 결과를 나타낸다면 하나님께서는 현재 자신의 지출 규모를 줄이기를 원하신다는 뜻으로 받아들이는 것이 좋다. 마이너스 결과는 지출계획서의 계산된 정해진 양을 하나님은 다 필요한 것으로 보시지 않으시거나 또는 어떤 다른 목적을 갖고 계시는 것으로 생각하는 것이 합당하기 때문이다. 그 이유는 모를 일이지만 어떤 것은 반드시 지출할 필요가 없어서일 수도 있고 그보다 더 큰 이유는 어쩌면 재물에 대한 우리 자신의 훈련이 필요해서일 경우라고 생각한다. 우리는 재물에 대해서 더 많이 배워야 할 필요가 있기 때문이다. 우리는 이 세상의 삶의 현실에서 재물이 주인이 아니라는 것과 재물을 사용하고 다스리는 법을 배워야 한다. 하나님의 공급하시는 방식과 하나님만이 재물의 주인이심을 경험하고 배울 필요가 있는 것이다. 그래서 사도 바울처럼 풍부함이나 궁핍함이나 어떠한 형편에든지 처할 줄 아는 일체의 비결을 배워야 한다. 배운다는 것은 단순히 공급수입과 지출을 관리하는 데 그치는 것이 아니다. 재물에 대한 하나님의 일과 청지기로서의 우리가 해야 할 일에 대해 실제적인 삶의 상황과 형편에서 하나님의 능력을 힘입어 대처하고 살아내는 과정을 배우는 것이다.

13. 3개월이 지나 4개월째의 지출계획서를 작성할 때는 마이너스- 상태를 감안하여 지출을 조정하고 줄여야 한다. 지출을 줄일 때는 지출항목 중 시급성과 책임성에서 덜 중요한 아래에서부터 위로, 즉 원함, 필요, 책임 항목 순으로 줄여 나가야 한다. 얼마만큼 언제까지 줄여야 하는가? 그 달의 총공급과 총지출이 제로0 상태가 될 때까지 줄여야 한다. 어떤 사람에게는 핍절한 생활수준까지 줄여나가야 할 수도 있을 것이다. 그것은 전적으로 하나님과 자기와의 개인적인 관계 속에서 다루어지는 문제라고 생각한다. 각 개인을 향한 하나님의 특별한 목적하심과 인도하심이 있기 때문이다. 나 같은 경우는 시작한지 6개월 만에 제로0 상태가 되었다. 제로0가 될 때까지 빚을 갚는 것과 최소한의 필수적인 지출 외에는 거의 모든 지출을 줄였다. 먹고 마실 수 있다는 것만으로 감사한 시간이었다. 무엇이 필요하고 무엇을 줄여야 하는지를 배우게 되었다.

14. 공급과 지출의 제로0 상태가 출발점이다. 바로 이 지점의 공급이 '필요의 공급'이라 부르는 지점이다. 바로 이 공급과 지출의 균형점이 지금 현재 자신의 재정에 대한 정확한 모습이라 할 수 있다. 하나님은 이 지점의 공급과 지출에서 살아내기를 원하신다. 어떤 사람에게는 이 지점이 충분한 수준일 수도 있고 매우 궁핍한 형편일 수도 있다. 그러

나 이 지점이 하나님께서 오늘 현재 우리가 살아내기를 바라시는 재물에 대한 자신의 삶의 정확한 상황context인 것이다. 이 지점이 우리를 가장 잘 아시는 하나님의 인도하심 가운데 있음을 인정하고 받아들여야 한다. 그런데 이러한 형편과 이러한 때를 견디며 충성과 감사의 시기간으로 보내는 사람이 극히 드물다. 이 곤고한 때를 연단과 소망 가운데 지내지 않고 빨리 지나가기만을 바라면서 큰 축복을 받아서 일거에 해결하고자 하는 허황된 확신에 사로잡혀 사는 사람들이 많다. 하나님은 결코 이 시기를 길게 못 견딜 정도로 가져가지 않으신다. 어렵고 힘들지만 하나님의 때right time가 이를 때까지 기다리며 최소한의 필요의 공급으로 살아내야 한다. 그러면 외적으로 절제된 삶의 모습은 물론이고 내적인 능력과 지혜를 얻게 된다. 오래 참음과 양선과 충성, 온유와 절제와 같은 하나님의 성품을 성령의 열매로 맺게 된다. 하나님의 목적이 재물의 공급 그 자체만에 있는 것이 아니라 우리 자신이 그리스도와 같이 되는 데 있다는 것을 알게 된다. 재물이 인생의 목적이거나 축복이거나 가장 중요한 것이 아니라는 것을 알게 된다.

15. 이런 과정에서 하나님은 조금씩 지출을 초과하는 공급을 주시기 시작한다. 이것이 '잉여의 공급' 이다. 많고 적음에 관계없이 공급이 지출을 초과하는 플러스+가 되는 시점이 있다. 이 잉여가 바로 심는 씨가 된다. 먹을 양식이 계산되어 정해지면 심을 씨는 자동으로 정해지는 것이다. 하나님은 심는 자에게 씨와 먹을 양식을 주시기 때문이다. 이

씨를 구분하여 먹지 않고 심으면 된다. 그러면 하나님은 이 심은 씨를 자라게 하시고 증식시키셔서 심는 자에게 뿐만 아니라 여러 사람에게 공급하시는 것이다. 이렇게 잉여의 공급이 계속되면 극도로 줄였던 지출을 필요와 분별을 통해 조금씩 늘려가면서 지출계획을 조정하면 된다. 그러면 점차 먹을 양식과 심을 씨와 하나님의 공급이 균형을 이루어 간다는 것을 알게 된다.

16. 여기서 이런 의문을 제기할 수 있다. 그냥 처음부터 수입에 맞춰서 지출계획을 작성하는 것과 뭐가 다른가? 결국은 수입에 맞춰서 지출계획이 조정될 텐데 왜 이런 번거로운 과정을 거쳐야 하는가? 이것은 전혀 다른 얘기가 된다. 만약 수입에 맞춰 지출계획을 작성한다면 하나님의 공급하심은 항상 수입의 한계에 묶여 있을 것이다. 하나님은 진정 현재의 수입 만큼만을 공급하시기 원하시는가? 하나님은 우리에게 필요의 공급과 잉여의 공급을 얼마나 주시기를 원하시는가를 알 수가 없게 된다. 그러면 현재의 수입은 전부 우리가 필요로 하는 공급인가? 우리는 그것을 모두 먹는 양식으로 지출하여도 되는가? 심을 씨의 양은 얼마인가? 우리는 다시 제자리로 돌아가 재물을 어떻게 공급받고 관리해야 할지를 알지 못하는 청지기가 되고 말 것이다. 수입이 기준이 되는 지출계획은 합리적인 것 같지만 이는 결국은 수입의 원천인 일과 직업과 자신의 능력과 이 세상의 경제체제에 의존하고 종속될 수밖에 없게 되고 만다. 우리는 늘 이렇게 익숙하게 습관적

으로 살아왔다. 그 결과 오늘날 교회와 성도들과 이 세상의 모습이 어떠한가 보라! 넘치는 수입으로 재물은 풍요한 것 같은데 지출에 비하면 항상 부족하다. 지출의 필요는 수입보다 더 빠른 속도로 증가한다. 남아서 쌓아놓는다 해도 장래는 늘 불안하기만 하다. 하나님께서 지켜주시고 그저 많은 수입으로 축복해 주시기만을 간절히 바랄 뿐이다. 재물이 여전히 주인노릇 하고 있지 않는가? 청지기로서 재물을 다스리는 지위와 권세도 없고 재물에 대하여 주인의 즐거움에 참여하는 충만한 기쁨과 평안함도 없다. 여전히 이생의 염려와 재물의 유혹과 향락의 구조에서 빠져나오지 못한 채 살고 있다. 하나님과의 개인적인 친밀하고 사랑하는 관계는 어디에 있는가!

부자 그리스도인들

이미 지출을 초과하는 충분한 공급수입을 받고 있는 사람은 어떻게 해야 하는가? 오늘날 경제발전의 혜택이든 개인의 능력이든 하나님의 축복이든 그 어떤 이유에서든지 경제적으로 부자인 그리스도인들이 많다. 필요의 공급을 이미 넘어선 사람들이다. 여기 속한 사람들은 당연히 헌금과 선한 일을 많이 한다. 떼내는 방식으로 정률로 하든 정액으로 하든 심는 씨의 양은 많을 수밖에 없다. 정작 문제는 무엇인가? 떼어내고 남은 먹을 양식을 어떻게 할 것인가이다. 교회는 십일조와 여러 종류의 헌금과 구제에 대해서 강조하고 있지만 남은 먹을 양식에 대해서는 말하지 않는다. 이미 많이 한 십일조와 헌금과 구제와 선한 일 덕분에 남은 재물에 대해서는 면죄부를 받은 것이나 다름없기 때문이다. 부자 그리스도인들은 남은 많은 재물에 대해서는 사실상 내 맘대로 사용하고 있다. 부자 그리스도인들은 세상의 부자와 다름없이 과도하게 부하게 산다. 하나님께서 자신의 믿음과 헌신에 대한 보상과 은혜로 주신 축복을 누리는 것이라고 말하면 그만인가!

교회는 부자 그리스도인들에게 말하고 경고해야 한다. 십일조와 각종 헌금과 구제와 선한 일을 하고 남은 십분의 구9/10, 십분의 팔8/10, 십분의 칠7/10이 결코 자기의 소유가 아니라는 것을 말해야 한다. 그 남은 것도 하나님께서 맡기신 것이다. 소유의 유혹과 탐욕이라는 우상숭배의 위험에서 벗어나려면 하나님의 청지기로서 남은 재물을 충성되게 관리하고 사용해야 한다. 그렇게 하려면 부자 그리스도인들은 어떻게 해야 하는가? 부자 그리스도인들도 먼저 먹을 양식의 양을 정해야 한다. 먹을 양식을 먼저 정하지 않으면 많은 양의 씨를 심고 있는 것 같지만 사실은 심어야 할 씨의 양이 얼마인지 알지 못하면서 다른 사람에 비해 많이 심는 것으로 스스로 만족하는 것일 뿐이다. 또한 먹을 양식의 양을 정하지 않으면 남은 것을 모두 먹을 양식으로 생각하여 자기 맘대로 사용하거나 쌓아 두게 될 것이다. 그러므로 먹을 양식을 정하는 것은 부자 그리스도인들에게 더욱 필요하고 중요한 일이다. 부자 그리스도인이 부유한 그리스도인이 되는 것은 재물에 대한 삶의 방식이 어떠하냐에 달려 있다. 자기를 위하여 재물을 쌓으면 부자 그리스도인일 뿐이고 하나님께 대하여 부요하면 부요한 그리스도인이 되는 것이다. 부자 그리스도인이 축복받은 그리스도인일지는 몰라도 축복을 나누지 않는 한 그는 결코 부유한 그리스도인은 아니다.

누가복음 12장 19~21절 또 내가 내 영혼에게 이르되 영혼아 여러 해 쓸 물건을 많이 쌓아 두었으니 평안히 먹고 마시고 즐거워하자 하리라 하되 하나님은 이르시되 어리석은 자여 오늘 밤에 네 영혼을 도로 찾으리니 그러면 네 준비한 것이 누구의 것이 되겠느냐 하셨으니 자기를 위하여 재물

을 쌓아두고 하나님께 대하여 부요하지 못한 자가 이와 같으니라

그러면 부자 그리스도인들은 먹을 양식의 양을 어떻게 정하는 것이 좋을까? 절제하는 덕의 본을 보여야 한다. 그 기준을 획일적으로 정할 수는 없지만 개인적인 의견으로는 각자가 속한 사회의 중산층 수준의 삶을 기준으로 정하는 것이 좋다고 생각한다. 의식주 및 모든 삶의 필요한 양식을 중산층 수준 정도로 정하고 그 이상의 잉여는 그 양이 얼마이든지 간에 심을 씨로 구분하여 심는 자로서의 충성된 청지기로 산다면 부유한 그리스도인이 될 것이다. 정말 하나님이 맡기신 재물로 여긴다면 먹을 양식의 양을 적당하게 정하고 남은 것은 그 양이 설령 먹을 양식보다 더 많다 할지라도 씨로 심어서 하나님께 돌려 드려야 한다. 너무 과하다고 생각하는가! 아니다 아직 멀었다. 생활비 전부를 드린 과부의 두 렙돈을 생각해 보라! 자본주의가 주인 노릇 하는 오늘날 부자 그리스도인들은 재물에 대하여 스스로 희년을 선포하고 자발적인 사랑으로 재물의 씨를 심어야 할 때다. 그러면 하나님께서 심겨진 씨를 증식시키셔서 교회 공동체를 그리스도의 부요하심으로 균등케 하시고 고아와 과부와 나그네를 먹이시고 재물에 묶이고 포로된 자들을 해방시키는 희년의 축복을 베푸실 것이다. 이것이 의의 열매를 풍성히 맺는 일이다. 세상의 부자들과 특히 부자 그리스도인들은 부에 대한 경고의 말씀을 주의 깊게 들어야 한다.

디모데전서 6장 17~19절 네가 이 세대에서 부한 자들을 명하여 마음을

높이지 말고 정함이 없는 재물에 소망을 두지 말고 오직 우리에게 모든 것을 후히 주사 누리게 하시는 하나님께 두며 선을 행하고 선한 사업을 많이 하고 나누어 주기를 좋아하며 너그러운 자가 되게 하라 이것이 장래에 자기를 위하여 좋은 터를 쌓아 참된 생명을 취하는 것이니라

재물을 주신 것은 다 먹으라고 주신 것도 아니요 먹고 남은 것을 장래를 위해 쌓아 두라고 주신 것이 아니다. 재물을 쌓는 것이 아니라, 재물을 심는 것이 장래의 기반을 닦고 준비하는 가장 안전한 길이다. 과도하게 넘치는 부로 사는 것이 축복이 아니다. 넘치도록 심는 자가 축복받은 부유한 자다. "많이 거둔 자도 남지 않았고 적게 거둔 자도 모자라지 아니하였느니라"라고 하신 말씀과 같이 많이 갖는 것이 남는 것이 아니라 많이 심는 것이 남기는 길이다. 고후8:15

심고 거두는 법

　이제 심을 재물의 씨는 정해졌다. 정해진 먹을 양식에 더하여 공급해주신 잉여의 공급을 심을 씨로 마음에 확증함으로써 정해졌다. 그러면 씨는 어떻게 심어야 하는가? 씨를 심고 거두는 데는 몇 가지 법칙 같은 것이 있다. 법칙이라 하여 법조문 같은 의문儀文의 법을 말하려는 것이 아니다. 심고 거두는데 적용되는 어떤 본질 같은 것을 말하는 것이다. 다만 강조하기 위하여 법칙이란 말을 붙여 쓰겠다.

　첫째는 씨 불변의 법칙이다. 무엇을 심든지 심는 그대로 거두는 법이다. 콩 심은 데 콩 나고 팥 심은 데 팥 난다는 말이 있다. 심은 것을 거두는 것이지 심은 것과 다른 어떤 것을 거두는 것이 아니다. 그래서 어떤 씨를 심는가가 중요하다. 재물이라고 해서 모두가 같은 재물, 같은 씨가 아닐 수 있다. 사랑의 씨를 심으면 사랑을 거둔다. 욕심의 씨를 심으면 죄의 열매를 거두고 성령을 위하여 심으면 성령의 열매를 거두게 되는 것이다.

　갈라디아서 6장 7~8절 스스로 속이지 말라 하나님은 업신여김을 받지 아니하시나니 사람이 무엇으로 심든지 그대로 거두리라 자기의 육체를 위하여 심는 자는 육체로부터 썩어질 것을 거두고 성령을 위하여 심는 자는

성령으로부터 영생을 거두리라

둘째는 양量, quantity의 법칙이다. 적게 심는 자는 적게 거두고 많이 심는 자는 많이 거둔다. 얼마나 당연한 말씀인가! 적게 심고 많은 수확을 기대해서는 안 된다. 적게 심고 기도한다고 해서 많이 거둘 수는 없는 것이다.

고린도후서 9장 6절 이것이 곧 적게 심는 자는 적게 거두고 많이 심는 자는 많이 거둔다 하는 말이로다

셋째는 질質, quality의 법칙이다. 씨로 심는 종자는 튼실한 것으로 준비한다. 그 씨 안에 앞으로 자라나서 형체가 되는 건강한 싹과 줄기와 잎과 꽃과 열매가 다 들어 있기 때문이다. 재물의 씨도 마찬가지다. 인색함으로나 억지로 심는 것은 질이 좋은 씨가 아니다. 기꺼운 마음으로 즐겨서 심는 자를 하나님은 사랑하신다. 사랑으로 기쁜 뜻으로 감사함으로 심을 때 더 풍성하고 넘치는 열매를 거두게 될 것이다.

고린도후서 6장 7절 각각 그 마음에 정한대로 할 것이요 인색함으로나 억지로 하지 말지니 하나님은 즐겨 내는 자를 사랑하시느니라

넷째는 때시간의 법칙이다. 씨는 오늘 심고 내일 거둘 수 있는 것이 아니다. 씨는 땅에 보존되어 있다가 봄이 되면 싹이 나고 여름이 되면 자라나

서 가을이 되면 열매를 맺어 거두게 되는 것이다. 씨를 심은 농부는 씨를 심지만 그것이 어떻게 자라는지 알지 못한다. 농부는 비바람과 더위를 지나며 인내의 시간을 견딜 뿐이다. 심겨진 씨를 자라게 하시는 분은 하나님이시다. 하나님은 자라게 하실 뿐 아니라 열매를 맺게 하시고 때가 되면 반드시 거두시는 분이시다. 재물의 씨를 심고 거두기까지는 얼마의 시간이 필요할까? 씨가 통상 일 년을 주기로 심고 거두는 것처럼 재물도 일 년 농사를 짓는 것과 같지 않을까 생각한다. 나는 매년 일 년 단위로 전해에 심은 씨에 비례해서 수확하는 기쁨을 누리는 것 같다. 그러나 모든 적합한 때는right time 하나님이 아시고 정하시고 거두게 하실 것이다.

> 갈라디아서 6장 9절 우리가 선을 행하되 낙심하지 말지니 포기하지 아니하면 때가 이르매 거두리라

다섯째는 백배의 법칙이다. 씨는 그 자체에 놀라운 능력을 갖고 있다. 한 개의 알갱이를 심으면 최소한 삼십 배, 육십 배, 많게는 백배의 열매로 증식되는 생명력이 있기 때문이다. 이런 백배의 증식은 경제법칙에서는 거의 찾아 볼 수 없다. 하나님께서 씨를 심고 거두는 법에 주신 능력이다. 하나님은 천국과 말씀도 씨와 같아서 삼십 배, 육십 배, 백배로 결실하고 번성할 것을 말씀하셨다. 재물의 씨도 동일하다. 우리는 재물을 공급하시는 하나님의 심고 거두시는 법칙의 놀라운 능력을 따라 살아야 한다. 재물의 축복은 그저 축복이라는 이름으로 공급되는 것이 아니라 심고 거

두는 비밀을 통해서 일하시는 하나님의 능력 안에 있는 것이다. 나는 재물의 씨를 심을 때마다 '나는 너를 심고 백배의 결실을 기대한다'고 말한다. 선교사에게 심을 때도 '선교사님께 이 재물을 심습니다. 백배를 기대합니다' 라고 말하면서 드린다.

마가복음 4장 8절 더러는 좋은 땅에 떨어지매 자라 무성하여 결실하였으니 삼십 배나 육십 배나 백배가 되었느니라

심는 방법

그럼 재물의 씨는 어떻게 심는가? 심는 방법에는 어떠한 것들이 있는가? 재물을 심는 것은 재물을 하늘에 쌓는 것과 같은 말이다. 소유를 통해 그저 자기를 위하여 쌓아놓지 않고 다른 사람들, 특히 가난한 자들에게 나눠 주는 것이다. 하나님은 특별히 고아와 과부와 나그네로 대표되는 가난한 사람들을 친구라 여기신다. 이들에게 하는 것이 하나님께 하는 것과 같다고 말씀하셨다. 재물을 심고 쌓는 것은 가난한 자와 지극히 작은 자에게 나누는 것이다.

마태복음 25장 35~40절 내가 주릴 때에 너희가 먹을 것을 주었고 목마를 때에 마시게 하였고 나그네 되었을 때에 영접하였고 헐벗었을 때에 옷을 입혔고 병들었을 때에 돌아보았고 옥에 갇혔을 때에 와서 보았느니라 이에 의인들이 대답하여 이르되 주여 우리가 어느 때에 주께서 주리신 것을 보고 음식을 대접하였으며 목마르신 것을 보고 마시게 하였나이까 어느 때에 나그네 되신 것을 보고 영접하였으며 헐벗으신 것을 보고 옷 입혔나이까 어느 때에 병드신 것이나 옥에 갇히신 것을 보고 가서 뵈었나이까 하리니 임금이 대답하여 가라사대 내가 진실로 너희에게 이르노니 너희가 여기 내 형제 중에 지극히 작은 자 하나에게 한 것이 곧 내게 한 것

이니라 하시고

재물을 심는 것은 어떻게 심든지 본질적으로 큰 차이는 있을 수 없지만 이해를 위해서 몇 가지 방법으로 구분하여 생각할 수 있다.

첫째로 헌물offering로 심는 방법이다. 헌물은 십일조를 제외한 여러 종류의 헌금을 말한다. 헌물은 씨를 심는 좋은 방법이다. 헌물은 교회를 통해 하늘에 쌓는 재물로 심겨진다. 그러므로 교회는 헌물을 어떻게 사용하고 심을 것인가에 대해 청지기의 충성심을 가져야 한다. 헌물은 무엇보다도 우선적으로 교회 공동체 내의 고아와 과부와 나그네와 같은 가난한 자들을 돌보는데 사용되어야 하고 하나님의 종들과 교회의 일을 위한 것은 그 다음이어야 한다. 교회가 재물을 쌓아 부자가 되면 안 된다.

신명기 16장 11절 너와 네 자녀와 노비와 네 성중에 있는 레위인과 및 너희 중에 있는 객과 고아와 과부가 함께 네 하나님 여호와께서 자기의 이름을 두시려고 택하신 곳에서 네 하나님 여호와 앞에서 즐거워할지니라

둘째로 구제로 심는 방법이다. 이는 한마디로 가난한 자들에게 주고 베푸는 것이다. 개인적으로 여러 형태의 구제에 참여해야 한다. 구제에는 여러 방법이 있다. 일회적인 구제도 있고 중장기 동안의 구제도 있다. 또 적은 수의 사람에게 많은 금액을 하는 방법도 있고 많은 사람에게 적은

금액을 하는 방법도 있다. 혼자 하는 구제도 있고 여러 사람이 함께 하는 구제도 있다. 어떤 방법이든 좋다. 구제로 많은 씨를 심어야 한다.

누가복음 6장 38절 주라 그리하면 너희에게 줄 것이니 곧 후히 되어 누르고 흔들어 넘치도록 하여 너희에게 안겨 주리라 너희가 헤아리는 그 헤아림으로 너희도 헤아림을 도로 받을 것이니라

잠언 11장 24~25절 흩어 구제하여도 더욱 부하게 되는 일이 있나니 과도히 아껴도 가난하게 될 뿐이니라 구제를 좋아하는 자는 풍족하여질 것이요 남을 윤택하게 하는 자는 자기도 윤택하여 지리라

구제할 때는 1년 또는 2년 정도의 기한을 정하여 하는 것이 좋다. 매 기한이 찰 때마다 계속 할 것인지의 여부를 다시 결정하는 것이 좋다. 중요한 것은 정해진 씨의 양의 범위 안에서 감당할 수 있을 만큼의 구제대상과 금액을 정하여 계획적으로 하는 것이다. 물론 지속적으로 하기 어려울 때는 일회적인 구제로 그쳐야 한다. 구제할 때 주의해야 할 점은 당연히 "은밀한 중에 보시는 하나님 앞에서" 해야 하고마6:3~4, 또한 갚을 능력이 없는 자들에게 하는 것이 좋다. 갚음을 받거나 사람에게 칭찬을 받으면 참된 구제가 안 될 뿐 아니라 하나님께 받을 상급도 없기 때문이다.

잠언 19장 17절 가난한 자를 불쌍히 여기는 것은 여호와께 꾸어드리는 것

이니 그의 선행을 그에게 갚아 주시리라

누가복음 14장 13~14절 잔치를 베풀거든 차라리 가난한 자들과 몸 불편한 자들과 저는 자들과 맹인들을 청하라 그리하면 그들이 갚을 것이 없으므로 네게 복이 되리니 이는 의인들의 부활시에 네가 갚음을 받겠음이라 하시더라

구제의 대상을 정할 때 주의하여 살펴야 할 것이 있다. 가족이나 친척 등 가까운 관계에 있는 사람들이다. 자칫 나와 관계없는 멀리 있는 사람들에게는 구제를 잘 하면서 부모와 형제와 가족에 대해서는 소홀하기 쉽다. 가까이 있는 사람들은 너무 잘 알기 때문에 그들의 생활습관 등이 아무리 도와주어도 밑 빠진 독처럼 변화와 개선의 여지가 없다고 생각하여 포기하거나 아예 모른척하는 것이 오히려 낫다는 생각 때문일 수 있다. 참으로 분별하기 쉽지 않은 일이지만 부모 형제 가족을 외면하고 다른 가난한 자들에게 구제하는 것이 하나님께 드렸다고 하기만 하면 그만이라는 고르반이 되지 않도록 주의해야 한다. 막7:10~13

디모데전서 5장 8절 누구든지 자기 친족 특히 자기 가족을 돌보지 아니하면 믿음을 배반한 자요 불신자보다 더 악한 자니라

셋째로 희년을 선포하는 방법이다. 희년을 선포하는 것은 단순히 가

난한 자를 돕는 다는 차원이 아니라 빚이나 재물에 매인 사람의 결박을 풀어주고 그 멍에를 꺾는 것을 말한다. 가난한 자의 빚은 결박과 무거운 멍에와 같다. 그들은 빚으로 말미암아 포로와 같이 되고 종과 같이 묶여 살게 된다. 그들의 결박을 풀고 멍에를 꺾어 자유하게 하는 것은 빚을 대신 갚아 탕감시켜 주고 다시는 재물의 종이 되지 않도록 물질적 정신적 영적으로 도와주는 것이다. 이것은 결코 쉬운 일이 아니다. 개인이 감당하기에는 매우 어려운 일이다. 교회 공동체나 여러 사람들이 모여서 할 수 있는 일이다. 교회는 교회 밖의 구제에도 힘써야 하지만 먼저 교회 공동체 내에서 희년을 선포하고 실천하는데 교회 재정을 사용해야 한다.

누가복음 4장 18~19절 주의 성령이 내게 임하셨으니 이는 가난한 자에게 복음을 전하게 하시려고 내게 기름을 부으시고 나를 보내사 포로된 자에게 자유를, 눈 먼 자에게 다시 보게 함을 전파하며 눌린 자를 자유롭게 하고 주의 은혜의 해를 전파하게 하려 하심이라

예수님은 성령의 능력으로 은혜의 해, 즉 희년을 선포하셨다. 희년은 매 50년마다 제자리로 돌아가도록 세 가지를 회복시켜 준다. 종에서 신분의 회복과 부채의 탕감과 잃어버린 집과 땅을 다시 되돌려 받는 것이다. 예수님은 하나님의 나라와 복음을 전파하시고 흉악의 결박을 풀고 모든 압제와 멍에로부터 자유하게 하는 희년을 선포하셨다. 교회와 그리스도인은 복음 전파와 함께 공동체 내의 가난한 자와 빚진 자를 해방시키는

희년을 선포하고 그들의 흉악의 결박을 풀고 모든 압제와 멍에로부터 자유하게 하는 권세를 행사해야 한다. 이것이 성령의 기름부음의 역사이고 하나님께서 기뻐하시는 참된 금식의 능력이고 가장 권세 있게 재물을 심는 방법이다. 여기에는 놀라운 약속이 있다. 빛이 비치고 치유가 임하고 공의가 앞서 행하고 하나님의 영광이 호위하고 하나님께서 즉각 기도에 응답하신다. 재물의 씨를 심는 것은 단지 재물로써만 열매를 거두는 것이 아니다. 영과 혼과 몸의 총체적인 은혜와 영광으로 보상받게 된다. 이보다 존귀한 일이 어디 있겠는가!

> **이사야 58장 6~9절** 내가 기뻐하는 금식은 흉악의 결박을 풀어주며 멍에의 줄을 끌러 주며 압제 당하는 자를 자유하게 하며 모든 멍에를 꺾는 것이 아니겠느냐 또 주린 자에게 네 양식을 나누어 주며 유리하는 빈민을 집에 들이며 헐벗은 자를 보면 입히며 또 네 골육을 피하여 숨지 아니하는 것이 아니겠느냐 그리하면 네 빛이 새벽같이 비칠 것이며 네 치유가 급속할 것이며 네 공의가 네 앞에 행하고 여호와의 영광이 네 뒤를 호위하리니 네가 부를 때에는 나 여호와가 응답하겠고 네가 부르짖을 때에는 내가 여기 있다 하리라

넷째로 특정한 목적에 심는 방법이다. 특정한 목적에 심는다는 것은 어떤 목적을 갖고 일하는 사람이나 단체 또는 프로젝트project에 재물의 씨를 심는 것을 말한다. 선교사나 선교사가 수행하는 어떤 지역의 프로젝트를

후원하는 것이 될 수도 있고 교회나 사회단체가 하는 프로젝트에 참여할 수도 있다. 가난한 학생의 장학을 목적으로 후원할 수도 있고 미자립 교회의 자립을 위한 목적일 수도 있고 선교지역의 개발을 위한 프로젝트일 수도 있다. 이와 같이 어떤 특정한 목적의 사업이 성취될 수 있도록 돕는 데 심는 것이다.

이와 같은 방법 외에도 재물을 심는 방법에는 수없이 많은 다양한 방법이 있을 것이다. 하나님의 지혜로 다양한 창의적인 심는 방법을 찾아서 더 많이 심고 의의 열매를 더욱 풍성히 맺어야 한다.

왜 하나님은 심고 거두는 방식으로 공급하시는가?

하나님은 만나를 공급하신 방법으로 하늘에서 직접 공급하실 수도 있고 까마귀의 입을 통해 공급하실 수도 있다. 남의 것을 빼앗아 주실 수도 있고 재물 얻는 능력을 배가하여 주실 수도 있고 사업이 잘 되게 하실 수도 있다. 그 뿐이겠는가? 오병이어와 같이 축사를 통해 먹을 양식을 증가시킬 수도 있고 선지자의 기름병처럼 기름이 떨어지지 않게 하실 수도 있고 한 해에 백년 농사를 짓게 하실 수도 있다. 하나님의 능력은 무한하시고 공급의 방법은 백 가지, 천 가지, 만 가지도 넘을 것이다. 하나님은 여전히 이 모든 방법을 사용하시지만 또한 하나님은 심고 거두는 방식, 즉 나누고 베푸는 방식으로 공급하시기를 기뻐하신다. 특히 예수 그리스도로 말미암은 교회 시대에는 더더욱 교회와 그리스도인들이 심고 거두는 방식으로 서로 공급의 통로가 되기를 원하신다고 생각한다. 하나님은 왜 가난한 자들에게 재물을 심고 나누고 베푸는 방식으로 공급하시는 것을 기뻐하시는가?

첫째는 심고 거두는 공급의 방식은 다른 사람의 짐을 대신 짊어지고 연약함을 담당하는 예수 그리스도의 방식이기 때문이다. 예수님은 부요하신 자로서 가난하게 되셨다. 그의 가난하게 되심으로 가난한 자와 교회를 부요하게 하시기 위해서다. 예수님은 실제로 말구유에서 태어나시고 목수로 일하시고 머리 둘 곳이 없을 정도로 가난하게 되셨다. 그는 종의 모양으로 오셔서 우리와 똑같은 모습으로 우리 가운데 사셨다. 그리스도는 가난한 자를 부요하게 하실 수 있는 능력을 갖고 계셨지만 그 능력으로 가난한 자를 부요하게 만들지 않으시고 스스로 가난하게 되는 사랑과 희생으로 부요하게 하셨다. 가난하게 되는 희생과 나눔을 통해서 다른 사람을 부요하게 하는 것이다.

고린도후서 8장 9절 우리 주 예수 그리스도의 은혜를 너희가 알거니와 부요하신 이로서 너희를 위하여 가난하게 되심은 그의 가난함으로 말미암아 너희를 부요하게 하려 하심이라

가난하게 된다는 것은 무슨 의미인가? 우리는 아무것도 없이 되고 다른 사람은 부요하게 된다는 것인가? 열 개를 갖고 있는 우리가 한 개밖에 없는 자들에게 한 개씩 두 개씩 나누어 줌으로써 아홉 개가 되고 여덟 개가 되는 가난함으로 사는 것을 의미하는 말이다. 세끼를 먹는 우리가 한 끼도 먹기 힘든 사람에게 한 끼를 나눠 줌으로써 두 끼를 먹는 가난함으로 사는 것을 말한다. 다섯 벌의 옷이 있는 우리가 헐벗은 사람에게 한 벌의 옷을 주어 네 벌의 옷으로 사는 가난함을 말한다. 말이 아니라 실제로 자신의 재물을 떼어 가난한 자의 부족함을 채워줌으로써 그 가난한 자의 고통을 체휼體恤, συμπαθ?ω하는 것이다.

야고보서 2장 15~16절 만일 형제나 자매가 헐벗고 일용할 양식이 없는데 너희 중에 누구든지 그에게 이르되 평안히 가라, 덥게 하라, 배부르게 하라 하며 그 몸에 쓸 것을 주지 아니하면 무슨 유익이 있으리요 이와 같이 행함이 없는 믿음은 그 자체가 죽은 것이라

이것이 사랑으로 스스로 가난하게 되는 것이고 심고 거두고 나누고 베푸는 방식이다. 이것이 교회 공동체의 유무상통이다. 이것이 강한 자가 약한 자를 담당하는 그리스도의 법이다.롬15:1 그리스도는 우리의 죄를 대신 담당하셨을 뿐 아니라 연약함과 질병과 저주와 가난을 짊어지셨다. 마땅히 그리스도인들은 그리스도를 본받아 다른 사람의 짐을 대신 담당하고 짊어짐으로써 그리스도의 사랑의 법을 성취해 가는 것이다. 그렇다고 하여 스스로 가난하게 된 사람이 가난의 나락에 떨어져 사는 것이 결코 아니다. 현세에는 백배를 받고 내세에 영생이 약속되어 있다. 재물보다 훨씬 더 큰 기쁨의 보상을 무엇과 비교할 수 있겠는가!

갈라디아서 6장 2절 너희가 짐을 서로 지라 그리하여 그리스도의 법을 성취하라

둘째로 심고 거두는 방식으로 공급하시는 이유는 교회와 그리스도인은 사랑 안에서 성장하기 때문이다. 그리스도인들이 재물의 나눔을 통해 서로 사랑하는 일에 참여함으로써 재물을 심고 나누는 자는 그리스도의 사

랑을 행함으로 그 사랑 안에서 자라게 되고, 재물을 공급받는 자는 그리스도의 사랑을 받음으로 그 사랑 안에서 또한 자라게 된다. 이것이 하나님의 교회다. 그리스도를 머리로 하여 한 몸을 이룬 교회는 머리이신 그리스도의 공급함을 받아 각 마디를 통하여 도움을 받음으로 연결되고 결합하여 각 지체의 분량대로 역사하여 그 몸을 자라게 하고 사랑 안에서 스스로 세워져 간다. 교회와 그리스도인은 사랑의 공급을 통해서만 성장할 수 있는 것이다. 재물을 가난한 자와 함께 나누는 것은 자기의 보물을 나누는 것과 같고 따라서 자기 몸같이 사랑하는 것이고 체휼하는 그리스도의 사랑을 나누는 것과 같은 것이다. 재물 안에 사랑이 다 들어 있다. 그래서 하나님은 재물을 심고 거두는 방식의 공급을 통해서 일하시고 당신의 사랑을 나타내시고 교회와 그리스도인들이 자라게 하신다.

에베소서 4장 15~16절 오직 사랑 안에서 참된 것을 하여 범사에 그에게까지 자랄지라 그는 머리니 곧 그리스도라 그에게서 온 몸이 각 마디를 통하여 도움을 받음으로 연결되고 결합되어 각 지체의 분량대로 역사하여 그 몸을 자라게 하며 사랑 안에서 스스로 세우느니라

셋째로 심고 거두는 공급의 방식은 교회 공동체를 균등케 하는 하나님의 사랑의 방식이기 때문이다. 심고 거두는 방식은 재물을 가진 자들이 가난한 자들에게 먼저 나누고 베푸는 방식이다. 가난한 자들의 부족함을 사랑으로 채우는 것이다. 이것은 여기서 끝나지 않는다. 후에 가난한 자

들이 넉넉하게 되었을 때 마찬가지로 또다른 부족한 자들을 채우게 된다. 이렇게 서로 나눔으로써 교회 공동체가 균등하게 되는 것이 하나님의 뜻이다. 그러나 이것은 제도나 계명으로 재물을 똑같이 나누는 것이 아니다. 서로 사랑함으로 자발적으로 가난하게 되는 방식으로 그렇게 하라는 것이다. 가난하게 됨으로 부요하게 하는 방식, 십자가를 지고 죽으므로 살리는 방식이 하나님의 방식이다. 이 세상의 삶의 목적이 재물을 많이 쌓아두는 소유에 있지 않기 때문이다. 많이 거둔 자도 남지 아니하고 적게 거둔 자도 모자라지 않는 것이 재물이기 때문이다.

> **고린도후서 8장 14절** 이제 너희의 넉넉한 것으로 그들의 부족한 것을 보충함은 후에 그들의 넉넉한 것으로 너희의 부족한 것을 보충하여 균등하게 하려함이라

넷째로 심고 거두는 방식의 공급은 재물의 신 맘몬이 지배하는 이 세상에서 하나님나라와 그의 의로 사는 교회와 그리스도인들의 삶의 방식이기 때문이다. 교회와 그리스도인은 이방인들처럼 무엇을 먹을까 무엇을 마실까 무엇을 입을까 염려하여 구하는 방식으로 사는 것이 아니라 천지의 주인이신 하나님이 공중의 새와 들의 백합화를 먹이시고 입히시는 하늘의 아버지이심을 믿고 심고 거두고 나누고 베푸는 그의 나라와 그의 의의 방식으로 오늘을 사는 사람들이다. 심고 거두는 방식의 공급은 단순히 하나님의 공급의 한 방식에 그치는 것이 아니라 사탄이 지배하는 이 세상

에서 하나님나라의 백성들이 맘몬의 경제체제에 예속되어 재물을 주인으로 섬기지 않고 하나님만이 주인이시고 공급자이심을 선포하는 하나님나라 백성으로 사는 방식인 것이다.

마태복음 6장 33절 그런즉 너희는 먼저 그의 나라와 그의 의를 구하라 그리하면 이 모든 것을 너희에게 더하시리라

자본주의가 지배하는 이 세상에서 결코 쉬운 일이 아니지만 경제와 재물의 영역에서도 교회와 그리스도인은 하나님나라와 그의 의를 가져와서 그 방식으로 살아야 한다. 오늘날 우리는 돈이 주인이 된 자본주의를 듣고 배우고 그 체제 아래서 너무도 익숙한 삶의 방식으로 무심하게 살고 있다. 우리는 이 세상의 상황context 속에서 하나님나라와 그의 의에 속한 경제와 재물에 대한 말씀text을 듣고 배우고 새로운 삶의 방식으로 살아내야 한다.

주인의 즐거움에 참여하다

심는 자에게는 두 가지 보상이 약속되어 있다. 달란트 비유를 통해 "착하고 충성된 종아 네가 적은 일에 충성하였으니 더 많은 것으로 네게 맡기리니 네 주인의 즐거움에 참여 할지니라"라고 말했듯이 첫째는 더 많은 것으로 맡기신다. 더 많은 재물은 다른 사람과 비교해서가 아니라 각각 자기가 이미 받은 것에서 출발한다. 아주 적은 재물일지라도 오늘 맡고 있는 재물이 각자에게 100이다. 지금 맡고 있는 재물을 심고 거두는 법에 따라 심으면 하나님께서 일하셔서 반드시 삼십 배, 육십 배, 백배로 더 맡겨 주실 것이라는 약속이다. 더 많은 재물은 기도로 얻는 것이 아니라 충성되게 심고 거두는 것으로 더 맡게 되는 것이다.

심는 자에게 주시는 두 번째 보상은 주인의 즐거움에 참여하는 것이다. 주인의 즐거움이란 무엇일까? 주인의 즐거움은 아마 많은 사람을 초대하여 잔치를 베푸는 것이 아닐까! 먹고 마시고 나누는 즐거움보다 더 큰 즐거움이 무엇이겠는가!

느헤미야 8장 10~12절 느헤미야가 또 그들에게 이르기를 너희는 살진 것을 먹고 단 것을 마시되 준비하지 못한 자에게는 나누어 주라 이 날은 우리 주의 성일이니 근심하지 말라 여호와로 인하여 기뻐하는 것이 너희의 힘이니라 하고 중략 모든 백성이 곧 가서 먹고 마시며 나누어 주고 크게 즐거워하니 이는 그들이 그 읽어 들려 준 말을 앎이라

심고 거두는 자는 무엇을 먹을까 무엇을 마실까 염려하는 삶이 아니라 항상 먹고 마시고 나누어 주고 즐거워하는 삶으로 충만하게 될 것이다. 많은 소유를 가진 부자가 되는 것이 아니라 가난한 사람들과 잔치 상을 함께 나누는 주인만이 누리는 즐거움의 특권을 누리게 된다. 주인의 즐거움은 재물을 쌓는 소유의 즐거움이 아니라 재물을 나누고 베풀고 쓰는 즐거움인 것이다. 하나님의 잔치 상은 여기서 그치지 않는다. 하나님은 광야에서도 식탁을 베푸실 뿐 아니라시78:19 사망의 골짜기에서도 원수의 목전에서도 상을 베풀어 주신다. 상을 차려 주실 뿐 아니라 머리에 기름을 부어 존귀한 자가 되게 하신다. 존귀와 영광은 하나님에게서 오는 것이다. 이 세상에 쌓은 재물이나 권세가 우리를 존귀하게 만드는 것이 아니다.

시편 23편 5절 주께서 내 원수의 목전에서 내게 상을 차려 주시고 기름을 내 머리에 부으셨으니 내 잔이 넘치나이다

오직 사랑의 법으로

지금까지 말한 재물에 관한 모든 말씀은 오직 사랑의 법으로만 드러내야 한다. 헌신이거나 열심이거나 책임이거나 윤리이거나 하는 이런 차원의 것이 되어서는 안 된다. 더더욱 축복을 받으려는 종교적 조건이 되어서는 안 된다. 사랑과 연결되지 않은 것은 아무것도 아니다. 사랑에 묶이지 않은 것은 아무것도 아니다. 사랑과 분리되어 독립적으로 홀로 서 있으면 이치에 맞는 말이라 할지라도 그것은 명분일 뿐이다. 하나님과는 아무런 관계도 없고 아무런 생명도 없다. 사랑과 분리된 재물은 모두 그 자체로 우상이 되고 주인이 된다. 주춧돌에서 분리된 기둥과 같이 모래 위에 세운 집과 같이 허상일 뿐이다. 사랑과 분리되어서는 아무 가치도 없다. 천사의 말이든지, 예언하는 능력이든지, 비밀을 아는 지식이든지, 산을 옮기는 믿음이든지, 모든 재물을 내놓는 구제이든지, 몸을 불사르는 열정이든지 사랑이 없이는 아무것도 아니다.

고린도전서 13장 1~3절 내가 사람의 방언과 천사의 말을 할지라도 사랑이 없으면 소리 나는 구리와 울리는 꽹과리가 되고 내가 예언하는 능력이 있어 모든 비밀과 모든 지식을 알고 또 산을 옮길 만한 모든 믿음이 있을지라도 사랑이 없으면 내가 아무 것도 아니요 내가 내게 있는 모든 것으로 구제하고 또 내 몸을 불사르게 내줄지라도 사랑이 없으면 내게 아무 유익이 없느니라

사랑의 법이 모든 법의 완성이다. 생명의 성령의 법은 우리를 사랑의 법으로 인도한다. 우리의 성품과 목적과 행함은 오직 하나님과 예수 그리스도와 그 사랑에 묶여져야 한다.

에필로그

지금까지 말한 '재물'이라는 주제가 이 책에서 말하고자 하는 본질적인 목적은 아니다. 재물은 하나님의 목적이 아니기 때문이다. 하나님의 목적하심은 "우리 자신"이다. 재물이 하나님과 우리 사이에 끼어서 그 어떤 조건이 되거나 목적이 될 수는 없다. 마찬가지로 우리에게 재물은 그 자체로 삶의 목적이거나 목표이거나 성공이거나 보상이거나 축복이 될 수 없다. 이 세상이나 이 세상에 있는 것들은 우리를 담고 보전하는 그릇이거나 상황context이거나 형편일 뿐이다. 하나님은 이 삶의 그릇과 상황과 형편 속에서 우리를 지키시고 보전하시고 자라게 하셔서 그리스도와 같은 아들로, 그리스도의 장성한 분량으로, 하나님의 온전하신 형상으로 만들고자 하시는 그 목적하심으로 오늘도 사랑하시고 교제하시고 일하시고 공급하신다. 재물과 이 세상의 모든 것은 지나가는 무대장치일 뿐이다. 그러므로 주인공인 우리가 하나님과 예수 그리스도와 더불어 맘껏 먹고 마시고 즐거워하며 감사하고 사랑하고 교제하는 오늘을 살자!!!

누가복음 12장 29~32절 너희는 무엇을 먹을까 무엇을 마실까 하여 구하지 말며 근심하지도 말라 이 모든 것은 세상 백성들이 구하는 것이라 너희 아버지께서는 이런 것이 너희에게 있어야 할 것을 아시느니라 다만 너희는 그의 나라를 구하라 그리하면 이런 것들을 너희에게 더하시리라 적은 무리여 무서워 말라 너희 아버지께서 그 나라를 너희에게 주시기를 기뻐하시느니라